曾国藩选集

曾国藩
日记类钞

【清】曾国藩　著　　【清】王启原　编钞

王海燕　王丽娟　编注

吉林出版集团股份有限公司 | 全国百佳图书出版单位

图书在版编目（CIP）数据

曾国藩日记类钞 /（清）曾国藩著 ;（清）王启原编
钞 ; 王海燕，王丽娟编注 . -- 长春 : 吉林出版集团股
份有限公司，2024. 8. --（曾国藩选集）. -- ISBN 978-
7-5731-5611-2

Ⅰ . K827=52

中国国家版本馆 CIP 数据核字第 2024VR2505 号

曾国藩画像

縣縣穆穆之窒日記

七月初四日 晴 甚熱

讀書
屬文
作字
靜坐
對客
課子
辦公
回信

縣縣穆穆之窒日記

七月初七日 晴

讀書
屬文
作字
靜坐
對客
課子
辦公
回信

曾国藩日记样本

是靜字工夫要緊大程夫子是三代後聖人亦是靜

字工夫足王文成亦是靜字有工夫所以他能不動

心若不靜省身也不密見理也不明都是浮的總是

要靜又曰凡人皆有切身之病剛惡柔惡各有所偏

溺焉既深動輒發見須自己體察所溺之病終身在

此廑克治余此告先生謂素有愆很不顧氣習偏於

剛惡既而自究所病只是好動不好靜先生兩言盖

對症下藥也務當力求主靜如使神明如日之升即

此以求其繼繼續者即所謂緝熙也知此而不行

真暴棄矣真小人矣夜何子敬來久談語多不誠總

曾国藩手书日记

初八日

早米[...]至九时[...]早饭[...]
护卫军送[...]午正刻见富[...]
毕[...]又谈[...]服[...]
[...]释[...]也[...]流书论为人之道有知天道有[...]
三[...]之目曰天道[...]天道[...]者[...]
恭诚也[...]心[...]日知命知礼知言而后[...]
加以知仁[...]者想如已欲立而立人己欲达而达人[...]
自立也[...]达者[...]远近信之人心服之[...]
目此[...]推而放诸四海而[...]者[...]
主则不可使人誉则有主我哉曰[...]不行此[...]
[...]之意也[...]而五[...]取人为善之意[...]
[...]横[...]不知此[...]要在[...]知

曾国藩手书日记

曾国藩雕像

目 录

原　序 …………………………………………………………… 1

第一编　问学治心记 …………………………………………… 12

第二编　克省待人记 …………………………………………… 60

第三编　政德治术记 …………………………………………… 99

第四编　用兵道思记 …………………………………………… 113

第五编　人伦情理记 …………………………………………… 135

第六编　治学论艺记 …………………………………………… 147

第七编　雅鉴珍藏记 …………………………………………… 201

第八编　养生调心记 …………………………………………… 211

第九编　品人怀旧记 …………………………………………… 221

第十编　地理勘游记 …………………………………………… 250

原 序

　　右抄录《曾文正公日记》，略分十类，夫修己、治人、道之大纲也。修己者，知行并进；治世者，文武兼资。故首问学，次省克，继之以治道军谋，至于伦理者，通乎内圣外王，而大本大经之所在，故上卷以是终焉。德成而上，艺成而下，古有明训矣。文艺虽若学之末务，而昔贤以为载道之器。援古证今，征文考献，有心者毋敢忽焉。故以鉴赏、品藻次于文艺之后。至若颐养以全形，游览以扩见，亦恒视人之所志所业以为重轻。安可概目为馀事欤？此编次之微意也。

　　先贤有言：日知其所亡，月无忘其所能，可谓好学也已。古之大有为者，其平居之课身心也至密，其求寡过也必夙夜匪懈，而后日起有功。今湘乡曾文正公，薄海戴其忠勋，奕世宗其德望。其被诸竹素铭，诸钟鼎，兴旗常者，既已为人所共见共闻矣。而一读其所为日记，则条综于日用行习之间，检摄于幽独密微之地，诚所云"言有教而动有法，瞬有存而息有养"者欤！故能削平寇难，光辅中兴，措天下于泰山之安，播威名于瀛海之表。存膺圣朝之懋赏，没极人世之哀荣。可不谓天挺人豪，古今罕觏[1]者乎？

公供职京朝十有四年，其日记曰"茶馀偶谈"，曰"过隙影"等篇，半就散佚。其曰"绵绵穆穆之室日记"，每日以八事自课，亦廑有存者。咸丰初载，由衡州治军，东征克武汉，战彭湖[2]，入守章门，凡此数年随笔记注，均缺失无从检寻。惟自戊午以后，迄于同治壬申二月易箦[3]之日，所自书日记，无一朝一夕之间，无一点一画之苟，则传家之墨宝，稀世之奇珍已。宋时洛闽数大儒讲学，皆有语录，盖及门诸子闻其师之绪论，因时编葺，或不免杂以己意，而稍失其真。此编所抄，谬托于朱子语类之义，而一句一字悉出于公之自记，不敢于中有所增损。世有达者，其将不以僭窃罪我邪！

光绪丙子八月既望，后学湘潭王启原识

---

① 觏（gòu）：遇见。

② 彭湖：指鄱阳湖，旧称"彭蠡湖"。

③ 箦（zé）：床席。人死为"易箦"。

孟子像

唐镜海像

郭嵩焘像

倭仁像

孔子画像石

老子画像石

朱熹画像

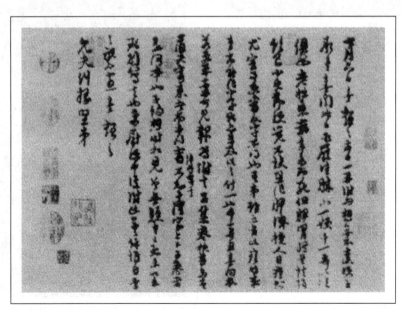

信札

苏东坡画像石

黄庭坚画像石

顾炎武画像石

王夫之像

谢安石像

谢安石登山图（局部）

颜真卿

颜杲卿

杜预

邵尧夫

第一编 问学治心记

1. 将所思分类抄记实为有益

夜深，思将古来政事、人物分类，随手抄记，实为有益，尚未有条绪。

辛丑正月

【注释品札】

日记有益者三：其一，备查；其二，自省；其三，积累。现代科学研究表明，人一日所思整理为文字有20万字之多。把其中有益者记下来，当是一生财富的积累。否则如农民种过地不收割一样可惜，且许多思想是一次性不可再生的灵感，如电光石火。

2. 学问当志大人之学，读书当重义理经济

学问之事，以日知月无亡为吃紧语；文章之事，以读书多、积理富为要。

辛丑二月

读书之志，须以困勉之功，志大人之学。

辛丑闰三月

　　至镜海①先生处，问检身之要、读书之法，先生言当以《朱子全书》为宗。②时余新买此书，问及，因道此书最宜熟读，即以为课程，身体力行，不宜视为浏览之书。又言治经宜专一经。一经果能通，则诸经可旁及。若遽求兼精，则万不能通一经。先生自言生平最喜读《易》。又言为学只有三门：曰义理，曰考核，曰文章。考核之事，多求粗而遗精，管窥而蠡测③。文章之事，非精于义理者不能至。经济之学，即在义理内。又问：经济宜如何审端致力？答曰：经济不外看史，古人已然之迹，法戒昭然；历代典章，不外乎此。又言近时河南倭艮峰④仁前辈用功最笃实，每日自朝至寝，一言一动，作饮食，皆有札记。或心有私欲不克，外有不及检者皆记出。先生尝教之曰：不是将此心别借他心来把捉才提醒，便是闲邪存诚。又言检摄于外，只有"整齐严肃"四字；持守于内，只有"主一无适"四字。又言诗、文、词、曲，皆可不必用功，诚能用力于义理之学，彼小技亦非所难。又言第一要戒欺，万不可掩着云云。听之，昭然若发矇⑤也。

辛丑七月

---

① 镜海：曾公有二位称此名号的师友。一为何应祺，字镜海，是曾的文友幕僚。曾氏还有一位大文友兼理学入门之师唐鉴，也字镜海。此处当为后者。道光时的太常寺卿。

② 曾国藩治学首先从攻读《朱子全集》开始。

③ 蠡测：以贝瓢测海水之意，喻见识短浅。以管窥豹、以蠡测海皆喻不见事物全貌。

④ 倭艮峰：倭仁，曾国藩时代的名儒、辅臣大学士。

⑤ 发矇：启蒙之初。

【注释品札】

学贵以要。朱子全书千余万字，岂能熟读？经济之学又岂只在义理之内？曾国藩毕生修身之功夫得益于孟子之学，所述皆孟子之理；治事之才能多得于实践之历练。若为有用之人，必读有用之书；若为大用之人，必读大用之书；若为今世所用，必读有用于当世之书。

3.研究功夫最要紧

倭艮峰前辈先生言"研几①"工夫最要紧，颜子之有不善，未尝不知，是研几也。周子曰："几善恶。"《中庸》曰："潜虽伏矣，亦孔之昭。"刘念台先生曰："卜动念以知几。"皆谓此也！失此不察，则心放而难收矣"。又曰："人心善恶之几，与国家治乱之几相通。"

壬寅正月

4.养心须静、默、敬、和

静坐，思心正气顺，必须到天地位、万物育田地方好。

壬寅正月

《易·大壮卦》象、大象，正与养气章②通。
静字全无工夫，欲心之凝定，得乎？

壬寅正月

---

① 几：通机。几字多义：为微意，为变化之端始；为事物之关键枢要意；为几乎，接近意。

② 养气章：孟子牛山之木章有"夜气说"；不动心章有养浩然正气说。此处当指后者。

默坐，思此心须常有满腔生意；杂念憧憧，将何以极力扫却？勉之！

壬寅正月

吴竹如言"敬"字最好，予谓须添一"和"字，则所谓敬者方不是勉强把持，即礼乐不可斯须去身之意。

壬寅正月

5. 愿终身私淑孟子

诵养气章，似有所会，愿终身私淑孟子。虽造次颠沛，皆有孟夫子在前，须臾不离，或到死之日可以仰希万一。

壬寅正月

6. 心得未必说破，精神常令有余

心得语，一经说破，胸中便无馀味，所谓德之弃也。况无心得，而有掠影之谈乎？

壬寅正月

《晋卦》："罔孚，裕，无咎。"①裕，难矣。《中庸》"明善诚身"一节，其所谓裕者乎？

精神要常令有馀，于事则气充而心不散漫。

壬寅正月

---

① 晋卦：周易称晋卦象征太阳从大地升起。晋是进的意思。此卦的"初六"卦辞为"晋如摧如，贞吉。罔孚裕，无咎。"罔为无意，孚与俘同，裕为多意；无咎为无祸意。曾公此处对裕的理解似非本卦之义，显然理解为有余。

7. 君子善与怨我者相处

凡事之须逐日检点者，一日姑待后来补救，则难矣！况进德修业之事乎？海秋言人处德我者不足观心术，处相怨者而能平情，必君子也。

壬寅正月

【注释品札】

怨可去不可留。与怨我者相处并不难，以诚善待之则可。与我怨者相处则不易，须得胸襟放开，方得诚善出来。怨可去而不可留，留则为积怨，怨深必两相害。

8. 读书无极虚之心无异自窒，不专一则无择无守

读书穷理，不辨得极虚之心，则先自窒矣。

壬寅正月

《咸》《恒》《损》《益》四卦①，可合之得虚心实心之法。

壬寅正月

不能主一之咎，由于习之不熟，由于志之不立，而实由于

---

① 四卦：咸卦为阴阳交互感应意；恒卦为恒久，雷风交感，事顺而快，无灾守正而亨通意；损卦有"山下有泽，损。君子以惩忿窒欲"的卦词；益卦有"以见善则迁，有过则改"的卦词。

知之不真。若真见得不主一之害心废学，便如食乌啄之杀人，则必主一矣。不能主一，无择无守，则虽念念在四书、五经上，亦只算游思杂念，心无统摄故也。

壬寅正月

巽乎水而上水，颇悟养生家之说。

壬寅

艮峰前辈言：无间最难，圣人之纯亦不已，颜子之"三月不违"，此不易学，即"日月之至"，亦非诸贤不能，"至"字煞宜体会，我辈但宜继继续续求其时习而说。

壬寅

9. 存心如日月之升，修容如鼎镇内外

存心则缉熙光明，如日之升；修容则正位凝命，如鼎之镇。内外交养，敬义夹持，何患无上达？

壬寅十一月

至岱云处看渠①日课。岱云近日志日坚而识日卓越。阅之喜极无言，平日好善之心，颇有若己有之之诚。而前日读筠仙诗，本日观岱云日课，尤中心好之也。

壬寅十一月

---

① 渠：他。

10. 心浮则气浮，气散则心散

树堂①来，与言养心养体之法。②渠言舍静坐更无下手处，能静坐而天下之能事毕矣。因教我焚香静坐之法。所言皆阅历语。静中真味，煞能领取。又言心与气总拆不开，心微浮则气浮矣，气散则心亦散矣。此即孟子所谓"志壹则动气，气壹则动志"也。

壬寅十月

11. 唯坚实之谷可为种子

神明则如日之升，身体则如鼎之镇，此二语可守者也。惟心到静极时，所谓未发之中，寂然不动之体。毕竟未体验出真境来。意者只是闭藏之极，逗出一点生意来，如冬至一阳初动时乎？贞之固也，乃所以为元也；蛰之坏也，乃所以为启也；谷之坚实也，乃所以为始播之种子也。然则不可以为种子者，不可谓之坚实之谷也。此中无满腔生意，若万物皆资始于我心者，不可谓之至静之境也。然则静极生阳，盖一点生物之仁心也。息息静极，仁心之不息，其参天两地之至诚乎？颜子三月不违，亦可谓洗心退藏，极静中之真乐者矣。我辈求静，欲异乎禅氏入定，冥然罔觉之旨，其必验之此心，有所谓一阳初动，万物资始者，庶可谓之静极，可谓之未发之中，寂然不动之体也。不然，深闭固拒，心如死灰，自以为静，而生

---

① 树堂：冯树堂，曾国藩的子弟家师、朋友，后从政为官。
② 曾国藩把读书与修身养性结合起来，以心术、学术、治术三者为综。

理或几乎息矣，况乎其并不能静也。有或扰之，不且憧憧往来乎？深观道体，盖阴先于阳，信矣。然非实由体验得来，终掠影之谈也。

壬寅十一月

12. 当时不杂，既过不恋为中虚

人必中虚，不着一物而后能真实无妄，盖实者不欺之谓也。人之所以欺人者，必心中别着一物，心中别有私见，不敢告人，而后造伪言以欺人。若心中了不着私物，又何必欺人哉？其所以自欺者，亦以心中别着私物也。所知在好德，而所私在好色，不能去好色之私，则不能不欺其好德之知矣。是故诚者，不欺者也。不欺者，心无私着也。无私着者，至虚者也。是故天下之至诚，天下之至虚者也。当读书则读书，心无着于见客也；当见客则见客，心无着于读书也。一有着则私也。灵明无着，物来顺应，未来不迎，当时不杂，既过不恋，是之谓虚而已矣，是之谓诚而已矣。以此读《无妄》《咸》《中孚》三卦①，盖扞格者鲜矣。

壬寅十一月

【注释品札】

至诚者至虚。此虚非虚伪，而是佛家之心不染外物不恋外物之"空"意。此前后正当曾国藩读《周易》时节所写之日记。此处之三卦似与主题无大关系。因其主谈无私则诚，专心

---

① 三卦：《无妄》为一卦，《咸》为一卦，《中孚》为一卦，合起来为三卦。《无妄》卦为万物随自然生长，不可妄为，妄为有灾。《咸》卦为阴阳交感结合。《中孚》卦为诚信谦和，泽上有风，当以教化为主，缓于刑决。

于一事而不可心怀二物、心不在焉，方有至诚可信。

13. 厚积薄发者随心所欲

凡作文诗，有情极真挚，不得不一倾吐之时。然必须平日积理既富，不假思索，左右逢源，其所言之理，足以达其胸中至真至正之情，作文时无镌刻字句之苦，文成后无郁塞不吐之情，皆平日读书积理之功也。若平日酝酿不深，则虽有真情欲吐，而理不足以达之，不得不临时寻思义理，义理非一时所可取办，则不得不求工于字句，至于雕饰字句，则巧言取悦，作伪日拙，所谓修辞立诚者，荡然失其本旨矣！以后真情激发之时，则必视胸中义理何如，如取如携，倾而出之可也。不然，而须临时取办，则不如不作，作则必巧伪媚人矣。

壬寅十一月

14. 礼乐不兴，天下必少成才

在何宅听唱昆腔，我心甚静且和。因思古乐陶情淑性，其入人之深当何如？礼乐不兴，小学不明，天下所以少成才也。

壬寅十一月

15. 一"耐"字足医心病

竹如教我曰"耐"，予尝言竹如："贞足干事，予所阙者，贞耳。"竹如以一"耐"字教我，盖欲我镇躁，以归于静，以渐几于能贞也。此一字足以医心病矣。

癸卯正月

写字时，心稍定，便觉安恬些。可知平日不能耐，不能静，所以致病也。写字可以验精力之注否，以后即以此养心。

癸卯正月

万事付之空寂，此心转觉安定，可知往时只在得失场中过日子，何尝能稍自立志哉！

癸卯二月

【注释品札】

待凉与待熟。中国人讲"待凉"，如心急吃不得热锅粥，冷手抓不得热馒头；西方人则讲"待熟"，如奥古斯都的好从慢处来的名言。其实无非都讲一个"耐"字，一个"等"字。时间是处理一切难题的最高能手，但需得善审时度势者来支配使用。

16. 千言万语，莫先于立志

《记》云："君子庄敬日强。"我日日安肆，日日衰荼，欲其强，得乎？譬诸草木，志之不立，本则拨①矣。是知千言万语，莫先于立志也。

癸卯二月

唐先生言，国朝诸大儒，推张杨园、陆稼书两先生最为正大笃实，虽汤文正犹或少逊，李厚庵、方望溪文章究优于德行。

癸卯二月

---

① 拨：推测揣度，道理准则。此处当为不确定义。

夜读《杨园先生集》，中有数条，破我忮求之私，如当头棒喝。

癸卯二月

读杨园《近古录》，真能使鄙夫宽、薄夫敦①。

癸卯二月

17. 治学须"鸡伏卵""猛火煮"血战功夫

因作字思用功所以无恒者，皆助长之念害之也。本日，因闻竹如言，知此事万非疲软人所能胜，须是刚猛，用血战功夫，断不可弱，二者不易之理也。时时谨记《朱子语类》②"鸡伏卵"及"猛火煮"二条，刻刻莫忘。

凡读书有为人为己之分。为人者，纵有心得，亦已的然日亡。予于杜诗，不无一隙之见，而批点之时，自省良有为人之念，虽欲蕴蓄而有味，得乎？

癸卯二月

18. 凡事赖天由人

竹如③言交情有天有人，凡事皆然。然人定亦可胜天，不可以适然者，委之于数，如知人之哲，友朋之投契，君臣之遇合，本有定分，然亦可以积诚而致之。故曰命也，有性焉，君子不

---

① 鄙夫宽、薄夫敦：孟子语，"人闻柳下惠之风者，鄙夫宽，薄夫敦"。
② 《朱子语类》：朱熹的生平言论类编。
③ 竹如：吴廷栋的字。曾国藩的幕僚，后为地方官。

谓命也。

癸卯二月

镜丈[1]言读书有心得，不必轻言著述；注经者依经求义，不敢枝蔓；说经者置身经外，与经相附丽，不背可也，不必说此句，即解此句也。

癸卯二月

今早，友人见示一文稿，读之，使人忠义之气勃然而生，鄙私之萌斩焉而灭。甚矣，人之不可无良友也。

癸卯三月

19. 绵绵穆穆自少错而适和万物

自戒惧而约之，以至于至静，之中无少偏倚，而其守不失，则极其中而天地位，此绵绵者由动以之静也；自谨独而精之，以至于应物，之处无少差谬，而无适不然，则极其和而万物育，此穆穆者由静以之动也。由静之动，有神主之；由动之静，有鬼司之。终始往来，一敬贯之。

辛亥七月

20. 美成于久，勿求骤至

庄子曰：美成在久。骤而见信于人者，其相信必不固；骤而得名于时者，其为名必过情。君子无赫赫之称，无骤著之美，

① 镜丈：唐鉴。唐在京师学林中名望颇高，曾国藩曾投师门下。

犹四时之运，渐成岁功，使人不觉，则人之相孚如桃李不言，下自成蹊矣。

辛亥七月

21. 劲节足取祸，学养致雅量

有盖宽饶、诸葛丰之劲节①，必兼有山巨源、谢安石之雅量，于是乎言足以兴，默足以容，否则嶢嶢易缺，适足以取祸也。雅量虽由于性生，然亦恃学力以养之。惟以圣贤律己，躬自厚而薄责于人，则度量闳深矣。

辛亥七月

22. 圣贤过人处在不耻于认错

知己之过失，即自为承认之地，改去毫无吝惜之心，此最难事。毫杰之所以为豪杰，圣贤之所以为圣贤，便是此等处。磊落过人，能透过此一关，寸心便异常安乐，省得多少胶葛，省得多少遮掩装饰丑态。

辛亥七月

【注释品札】

能知错、认错、改错者，就永远是对的。

---

① 盖、诸二人都是汉代的著名直臣，虽权贵而不阿，虽帝胄而不屈，但终被免职、夺节，一落千丈，令亲者痛而仇者快。

23."四学十书"为修养之基

有义理之学，有词章之学，有经济之学，有考据之学。义理之学，即宋史所谓道学也，在孔门为德行之科；词章之学，在孔门为言语之科；经济之学，在孔门为政事之科；考据之学，即今世所谓汉学也，在孔门为文学之科，此四者阙一不可。予于四者略涉津涯，天质鲁钝，万不能造其奥窔①矣。惟取其尤要者，而日日从事，庶以渐磨之久，而渐有所开。义理之学，吾之从事者二书焉，曰《四子书》，曰《近思录》；词章之学，吾之从事者二书焉，曰《曾氏读古文钞》与《曾氏读诗钞》二书，皆尚未纂集成帙，然胸中已有成竹矣；经济之学，吾之从事者二书焉，曰《会典》，曰《皇朝经世文编》；考据之学，吾之从事者四书焉，曰《易经》，曰《诗经》，曰《史记》，曰《汉书》。此十种者，要须烂熟于心中。凡读此书，皆附于此十书，如室有基，而丹腹②附之；如木有根，而枝叶附之；如鸡伏卵，不稍歇而使冷；如蛾成垤，不见异而思迁。其斯为有本之学乎？

辛亥七月

24.周易修德养心之六卦③

天行健，君子以自强不息。地势坤，君子以厚德载物；颐，君子以慎言语，节饮食。损，君子以惩忿窒欲。益，君子

---

① 窔（yào）：深底。
② 丹腹（huò）：红润的光彩。
③ 此段所引言，都是《周易》中的解卦之辞。六卦分别为乾、坤、颐、损、益、鼎。所引语都是各卦"象"部分的卦辞。

以见善则迁，有过则改；鼎，君子以正位凝命。此六卦之大象，最切于人，颐以养身养德，鼎以养心养肾，尤为切要。

辛亥七月

25. 曾国藩的座右铭联

坐右为联语，以自箴云：不为圣贤，便为禽兽；莫问收获，但问耕耘。

辛亥七月

26. 严而有威，必本庄敬

治家贵严，严父常多孝子，不严则子弟之习气日就佚惰，而流弊不可胜言矣。故《易》曰：威如吉。欲严而有威，必本于庄敬，不苟言，不苟笑。故曰：威如之吉，反身之谓也。

辛亥七月

【注释品札】

公生明而廉生威，吏不畏吾严而畏吾廉。立身严正，不怒自威。身先而为，不令自随。宽人便是宽己，而严己便是严人。入得三宝殿，世人无畏开口弥勒者，亦无敬怒目金刚者。所敬畏者无非金身壁立，玉面庄严之佛祖。虽目视为偶，其心则不已森严之感。

27. 学深面自润，养厚神充足

书味深者，面自粹润；保养完者，神自充足。此不可以伪为，必火候既到，乃有此验。

辛亥七月

28. 不测之祸有三

盗虚名者，有不测之祸；负隐慝者，有不测之祸；怀忮心者，有不测之祸。

辛亥七月

29. 若不日日向上，则人非鬼责

除却进德修业，乃是一无所恃，所谓把截四路头也。若不日日向上，则人非鬼责，身败名裂，不旋踵而至矣，可不畏哉？

辛亥八月

30. 颜氏盛德之事足贯日月

颜泉明[1]寻求姑姊妹及其子，而并收其父之部曲妻子，且殓袁履谦之衣衾，与其父杲卿同。盛德之事，足以贯日月矣。

辛亥八月

31. 曾国藩的治心之道

是夜，思人之见信于朋友，见信于君父，见信于外人，皆丝毫不可勉强。犹四时之运，渐推渐移，而成岁功，自是不可

---

[1] 颜泉明：颜杲卿之子。此处言杲卿战死之后事。

27

欲速，不可助长。

辛亥十一月

窒欲常念男儿泪，惩忿尝思属纩^①时。

辛亥十一月

治心之道，先去其毒。阳恶曰忿，阴恶曰欲。治身之道，必防其患。刚恶曰暴，柔恶曰慢。治口之道，二者交惕。曰慎言语，曰节饮食。凡此数端，其药维何？礼以居敬，乐以导和。阳刚之恶，和以宜之；阴柔之恶，敬以持之；饮食之过，敬以检之；言语之过，和以敛之。敬极肃肃，和极雍雍。穆穆绵绵，斯为德容。容在于外，实根于内。动静交养，睟面盎背^②。

壬子正月

【注释品札】

中道为正。治心种种法门，一言以蔽之：别过分。过善近伪，过忠近愚，过敬近扰，过谦近虚，过刚近暴，过柔近弱，过慎近怯，过急近躁，过慢近殆，凡此种种，不一而足。万事贵于一"适"字。佛学讲中正，儒家讲中庸，西学也讲中道。亚里士多德讲适中，西塞罗讲恰当。圣贤讲去其两端执其中。一个"中"字似可为通行世界的法则。

---

① 属纩（kuàng）：纩，丝绵。属纩，当为一根根去连辍丝线意。喻细致耐心。
② 睟（suì）面盎背：睟，润泽状。此为孟子语，指人的修养深厚，自然会流布于人的脸上与全身。

32. 曾氏晚年"敬静纯淡"的自适法

余生平虽颇好看书，总不免好名好胜之见参预其间，是以无孟子深造自得一章之味，无杜元凯优柔餍饫一段之趣，故到老而无一书可恃，无一事有成。今虽暮齿衰迈，当从"敬""静""纯""淡"四字上痛加工夫。纵不能如孟子、元凯之所云，但养得胸中一种恬静书味，亦稍足自适矣。

壬子

处逆境之道，惟《西铭》^①"无所逃而待烹，申生其恭也。""勇于从而顺令者，伯奇也。"等句，最为亲切。

壬子

33. 胸襟广大须人我之际看得平，功名之际看得淡

偶作联语以自箴，云："禽里还人，静由敬出；死中求活，淡极乐生。"一本《孟子》"夜气章"之意，一本《论语》"疏水曲肱章"之意，以绝去梏亡营扰之私。^②

本朝博学之家，信多闳儒硕士，而其中为人者多，为己者少。如顾、阎并称，顾则为己，阎则不免人之见者存。江、戴并称，江则为己，戴则不免人之见者存。段、王并称，王则为

①《西铭》：宋朝程朱理学的奠基人，张载的著述。
② 本句中"夜气章"是孟子论牛山之木一章中提到的于夜间养复正气之说；"疏水曲肱章"原文是"饭疏食，饮水，曲肱而枕之，乐亦在其中矣。不义而富且贵，于我如浮云"。为安贫乐道义。

己，段则不免人之见者存。方、刘、姚并称，方、姚为己，刘则不免人之见者存。其达而在上者，李厚奄、朱可亭、秦味经，则为己之数多，纪晓岚、阮芸台，则不免人之见者存。学者用力，固宜于幽独中，先将为己为人之界分别明白，然后审端致力。种桃得桃，种杏得杏，未有根本不正而枝叶发生、能自鬯①凶茂者也。

戊午十一月

邵子所谓观物，庄子所谓观化，程子所谓观天地，生物气象，要须放大胸怀，游心物外，乃能绝去一切缴绕郁悒、烦闷不宁之习。

戊午十一月

读书之道，朝闻道而夕死，殊不易易，闻道者必真知而笃信之。吾辈自已不能自信，心中已无把握，焉能闻道？

己未二月

胸襟广大，宜从"平""淡"二字用功。凡人我之际，须看得平，功名之际，须看得淡，庶几胸怀日阔。

己未二月

傍夕与子序登楼，论老年用功，不可有骄气暮气。

己未三月

---

① 鬯（chàng）：多义字，此处指旺盛。又有通畅、舒畅、尽情之义。

34.悟孔子"三不知" 与孟子"二为善"可为完人

念不知命、不知礼、不知言三者①，《论语》以殿全篇之末，良有深意。若知斯三者，而益之以《孟子》"取人为善，与人为善"之义，则庶几可为完人矣。

己未三月

35.处类萃之中，不出不拔者为高人

闻子序谈"养气章"末四节②，言孔子之所以异于伯夷、伊尹者，不在高处，而在平处；不在隆处，而在汙处。汙者，下也；平者，庸也。夷、尹之圣，以其隆高而异于众人也。宰我之论，尧、舜以勋业而隆，孔子以并无勋业而汙。子贡之论，百王以礼乐而隆，孔子以并无礼乐而汙。有若之论，他圣人以出类拔萃而隆，孔子以即在类萃之中，不出不拔而自处于汙，以汙下而同于众人。此其所以异于夷、尹也，此其所以为生民所未有也。

己未三月

36.胸无渣滓者为大人，心怀计较者为小人

读东坡"但寻牛矢觅归路"诗，陆放翁"斜阳古柳赵家庄"

① 孔子原文为："不知命，无以为君子也；不知礼，无以立也；不知言，无以知人也。"
② 见《孟子》七篇卷二公孙丑（上）动心章。

诗，杜工部"黄四娘东花满蹊"诗。念古人胸次潇洒旷远，毫无渣滓，何其大也！余饱历世故，而胸中犹不免计较将迎，何其小也！沉吟玩味久之。

己未四月

【注释品札】

达人者自达。孔孟讲立己达己必立人达人；黑格尔说，自己活，让人也活。曾国藩一生功业、晚年衰而不倒，百年之后死而不朽，一切无非成于"达人"二字。正是他提拔的人才群支撑着他成就功业且成为众山之巅。

37. 人为"三驱"，人道"四知"，天道"三恶"

思夫人皆为名所驱，为利所驱，而尤为势所驱。当孟子之时，苏秦、张仪、公孙衍辈，有排山倒海、飞沙走石之势，而孟子能不为所摇，真豪杰之士，足以振历百世者矣。

己未五月

为人之道四知，天道有三恶。三恶之目曰天道恶巧，天道恶盈，天道恶贰。贰者，多猜疑也，不忠诚也，无恒心也。四知之目，即《论语》末章之"知命、知礼、知言"，而吾更加以"知仁"。仁者，恕也。己欲立而立人，己欲达而达人，恕道也。立者足以自立也，达者四达不悖，远近信之，人心归之。《诗》云："自西自东，自南自北，无思不服。"《礼》云："推而放诸四海而准，达之谓也。"我欲足以自立，则不可使人无以自立；我欲四达不悖，则不可使人一步不行，此立人达人之义也。孔子所云"己所不欲，勿施于人"，孟子所云"取人为善，与人为善"，皆恕也，仁也。知此，则识大量大，不知此则识小量小。故吾于三知之外，更加"知仁"，愿与沅弟共勉之。沅弟亦深领此言，谓欲培植家运，须从此七者致力也。

己未五月

38. 君子不可以小道自域

读书之道，杜元凯①称，若江海之浸、膏泽之润；若见闻太寡，蕴蓄太浅，譬犹一勺之水，断无转相灌注，润泽丰美之象，故君子不可以小道自域也。

己未五月

【注释品札】

孟子讲从其大者为大人，从其小者为小人。仔细想来，天下万事莫不如此。读书、做事、从政、为文、师从，概莫能外。看言情小说可为情种，绝成不了大业；以荀子为师多为王佐之才，而以戏班子里的武生为师，则绝对出不了将帅。高山之草永远高于低谷之木。材质虽终不可同日而语，毕竟居高临下得一览广阔天地，眼界自是风光见识不同。

39. 赌道精于输

与子序言圣人之道，亦曰学问、阅历渐推渐广，渐习渐熟，以至于四达不悖。因戏称曰：乡人有终年赌博而破家

---

① 杜元凯（222—284）：杜预。西晋开国名将大臣、著名学者。

33

者，语人曰："吾赌则输矣，而赌之道精矣。"①从来圣贤未有不由勉强以几自然，由阅历悔悟以几成熟者也。程子解《孟子》"苦劳饿乏，拂乱动忍"等语曰："若要熟也，须从这里过。"亦与赌输而道精之义为近。子序②笑应之。

己未五月

40.做人办事须自成体势

余近日常写大字，微有长进，而不甚贯气，盖缘结体之际不能字字一律。如或上松下紧，或上紧下松，或左大右小，或右大左小。均须始终一律，乃成体段。余字取势，本系左大右小，而不能一律，故恒无所成。推之作古文辞，亦自有体势，须篇篇一律，乃为成章。办事亦自有体势，须事事一律，乃为成章。言语动作亦自有体势，须日日一律，乃为成德。否则载沉载浮，终无所成矣。

己未六月

作书者宜临帖、摹帖，作文作诗皆宜专学一家，乃易长进。然则作人之道，亦宜专学一古人，或得今人之贤者而师法之，庶易长进。

己未八月

---

① 见载《孟子》一书。
② 子序：吴嘉宾的字。

41. 德成于"六要"，学成于"十二烂熟"，艺成于"二多"，功成于"二能"

德成以谨言慎行为要，而敬、恕、诚、静、勤、润六者，阙一不可；学成以三经、三史、三子、三集烂熟为要，而三者亦须提其要而钩其元；艺成以多作多写为要，亦须自辟门径，不依傍古人格式；功成以开疆安民为要，而亦须能树人、能立法，能是二者，虽不拓疆、不择民，不害其为功也。四者能成其一，则足以自怡。此虽近于名心，而犹为得其正。

己未八月

42. 好露而不能浑者人厌天恶

念天道三恶之外，又觉好露而不能浑，亦天之所恶也。

己未九月

余复胡中丞信中有云："惟忘机可以消众机，惟懵懂可以祓①不祥。"似颇有意义，而愧未能自体行之。

己未九月

【注释品札】

外浑内清者聪。看明白的未必要说出来。不要显高明，"高明逼神恶"，何况于人？是非黑白，人人心里有数，存于心里足已，何必说出？曾国藩早年只认一个"清"字，亲兄弟

---

① 祓（fú）：消除。

也不浑一分；而晚年则追求一个"浑"字，但心内从未浑过半分。也许正是他的内清外浑功夫，使他免遭灭顶之灾。揽镜自照者，何如以人为镜？

43. 凉德有三：喜闻人败、居卑自命、强分黑白

凡人凉薄之德，约有三端，最易触犯：闻有恶德败行，听之娓娓不倦，妒功忌名，幸灾乐祸，此凉德之一端也；人受命于天，如臣受命于君，子受命于父，而或不能受命，居卑思尊，日夜自谋置其身于高明之地，譬诸金跃冶而以镆铘、干将①自命，此凉德之二端也；胸苞清浊，口不臧否者，圣哲之用心也，强分黑白、过事激扬者，文士轻薄之习、优伶风切之态也，而吾辈不察而效之，动辄区别善恶，品第高下，使优者未必加劝，而劣者几无以自处，此凉德之三端也。余今老矣，此三者尚加戒之。

己未九月

君子有三乐：读书声出金石，飘飘意远，一乐也；宏奖人才，诱人日进，二乐也；勤劳而后憩息，三乐也。

己未九月

44. 师于上智者则智，从于下愚者则愚

孔子所谓"性相近，习相远""上智下愚不移"者，凡事皆然。即以围棋论，生而为国手者，上智也；屡学而不知

---

① 镆铘（mò yé）、干将：都是古代宝剑名。

局道，不辨死活者，下愚也。此外，皆相近之姿，视乎教者何如。教者高则习之而高矣，教者低则习之而低矣。以作字论，生而笔姿秀挺者，上智也；屡学而拙如姜芽者，下愚也。此外，则皆相近之姿，视乎教者何如。教者锺、王，则众习于锺、王矣；教者苏、米，则众习于苏、米矣。推而至于作文亦然，打仗亦然，皆视乎在上者一人之短长，而众人之习随之为转移。若在上者不自咎其才德之不足以移人，而徒致慨上智之不可得，是犹执策而叹无马，是真无马哉！

己未十月

45. 养活一团春意思，撑起两根穷骨头

李申甫自黄州归来，稍论时事。余谓当竖起骨头，竭力撑持。三更不眠，因作一联云："养活一团春意思，撑起两根穷骨头。"用自警也。余生平作自箴联句颇多，惜皆未写出。丁未年，在家作一联云："不怨不尤，但反身争个一壁静；勿忘勿助，看平地长得万丈高。"曾用木板刻出，与此联颇相近，因附识之。

己未十月

夜阅《荀子》三篇。三更尽睡，四更即醒。又作一联云："天下无易境，天下无难境；终身有乐处，终身有忧处。"至五更，又改作二联。一云："取人为善，与人为善；乐以终身，忧以终身。"一云："天下断无易处之境遇，人间那有空闲的光阴。"

己未十月

46. 做人不可憎怨于心

今夜醒后，心境不甚恬适，于爱、憎、恩、怨未能悉化，不如昨夜之清白坦荡远甚。夫子所称日月至焉者，或亦似此乎？

己未十月

47. 寡言养气，寡视养神，寡欲养精

近日之失，由于心太弦紧，无舒和之意。以后作人，当得一"松"字意味。日来，每思吾身，能于十"三"字者用功，尚不失晚年进境。十"三"字者，谓三经、三史、三子、三集、三实、三忌、三薄、三知、三乐、三寡也。三经、三史、三子、三集、三实，余在京师，尝以扁其室。在江西，曾刻印章矣。三忌者，即所谓天道忌巧、天道忌盈、天道忌贰也。三薄者，幸灾乐祸，一薄德也；逆命亿数，二薄德也；臆断皂白，三薄德也。三知者，《论语》末章，所谓"知命、知礼、知言"也。三乐者，即前所记读书声出金石，一乐也；宏奖人才，诱人日进，二乐也；勤劳而后憩息，三乐也。三寡者，寡言养气，寡视养神，寡欲养精。十"三"字者，时时省察，其犹失之东隅，收之桑榆者乎！

己未十一月

【注释品札】

越看得明白、说得明白的，越做不明白。曾公讲"三寡"，可是自己一生何有一寡？他的一生是累死的、忧死的、操心死的。这也是他的反思之语吧！

48. 不言者存于自心，所言者勉于己身

圣人有所言，有所不言。积善馀庆，其所言者也；万事由命不由人，其所不言者也。礼、乐、政、刑、仁、义、忠、信，其所言者也；虚无清静、无为自化，其所不言者也。吾人当以不言者为体，以所言者为用；以不言者存诸心，以所言者勉诸身，以庄子之道自怡，以荀子之道自克，其庶为闻道之君子乎！

己未十一月

49. 官场非"守约淡泊"者可为

日来，心绪总觉不自在，殆孔子所谓"不仁者不可以久处约"也。军中乃争权絜势之场，又实非处约者所能济事。求其贞白不移，淡泊自守，而又足以驱使群力者，颇难其道尔！

己未十二月

孔子所谓"下学上达"，"达"字中必自有一种洞彻无疑意味，即苏子瞻晚年意思深远，随处自得，亦必有脱离尘垢、卓然自立之趣。吾困知勉行，久无所得，年已五十，胸襟意识，犹未免为庸俗之人，可愧也已。

己未十二月

50. 天下事图果报，必有大失所望

天下事，一一责报，则必有大失所望之时。佛氏因果之说，不可尽信，亦有有因而无果者。忆苏子瞻诗云："治生不

求富，读书不求官。譬如饮不醉，陶然有馀欢。"吾更为添数句云："治生不求富，读书不求官。修德不求报，为文不求传。譬如饮不醉，陶然有馀欢。中含不尽意，欲辨已忘言。"

己未十二月

51. 唯简易者可行天下

与作梅畅论《易图》及风水之说，又论天下之理，惟易简乃可行，极为契合。

庚申正月

52. 守敬守恕守勤可时时自得

此身无论处何境遇，而"敬""恕""勤"字无片刻可弛。苟能守此数字，则无入不自得，又何必斤斤计较得君与不得君，气谊孤与不孤哉！

庚申正月

53. 居高位者身边须有诤友

安得一二好友，胸襟旷达，萧然自得者，与之相处，砭吾之短。其次，则博学能文，精通训诂者，亦可助益于我。

庚申正月

【注释品札】

诤友可为而不可为。喜谀而厌直，人之本性。唐太宗玩鸟，见魏徵来，忙不迭将鸟藏怀中。魏徵走后，鸟憋死了。唐太宗恨得咬牙切齿大骂：这个老东西，有一天一定宰了你。而拿破仑则公然讲道：我只结交吹捧我的人。

读书之道，以胡氏之科条论之，则经义当分小学、理学、词章、典礼四门；治事当分吏治、军务、食货、地理四门。

庚申三月

凡事皆有至浅至深之道，不可须臾离者，因欲名其堂曰"八本堂"。其目曰：读书以训诂为本，诗文以声调为本，事亲以得欢心为本，养生以少恼怒为本，立身以不妄语为本，居家以不晏起为本，居官以不要钱为本，行军以不扰民为本。古人格言尽多，要之每事有第一义，必不可不竭力为之者。得之如探骊得珠，失之如舍本根而图枝叶。古人格言虽多，亦在乎吾人之慎择而已矣。

庚申四月

凡做好人、做好官、做名将，俱要好师、好友、好榜样。

庚申四月

54. 得"诚至、情急、势激"三端，天下事无不可为

闻季高说有孝子、孝妇二人，因其家火起，舁①其母灵柩于外。二人平日皆不以力著，妇尤孱弱，诚至则神应，一也；情急则智生，二也；势激则力劲，如水之可以升山，矢之可以及

---

① 舁（yú）：两人共抬一物。

远，三也。因是以推，则天下无不可为之事矣。

庚申四月

55. 天下事唯艰苦中得来者可久可大

诸生呈缴工课。余教以"诚""勤""廉""明"四字。而"勤"字之要，但在好问好察云云两事，反复开导。

庚申五月

九弟谏余数事，余亦教九弟静虚涵泳，萧然物外。

庚申五月

余身旁须有一胸襟恬淡者，时时伺吾之短，以相箴规，庶不使矜心生于不自觉。

庚申七月

夏弢甫言"朱子之学得之艰苦，所以为百世之师"二语，深有感于余心。天下事未有不艰苦中得来而可久可大者也。

庚申八月

【注释品札】

大成于难而甘积于苦。俯首可拾者无非草芥之物，免费可饮者无非自然之水。而世之苦难艰辛则为成人之美，成事之基而生而存。

56.六字课心课身之法

忆八年所定"敬""恕""诚""静""勤""润"六字课心课身之法，实为至要至该！吾近于"静"字欠工夫耳。

庚申九月

傲为凶德，凡当大任者，皆以此字致于颠覆。用兵者，最戒骄气、惰气。作人之道，亦惟"骄""惰"二字误事最甚。

庚申九月

与作梅①谈当今之世，富贵无所图，功名亦断难就，惟有自正其心以维风俗，或可补救于万一。所谓正心者，曰厚，曰实。厚者，恕也，仁也。己欲立而立人，己欲达而达人，己所不欲，勿施于人。存心之厚，可以少正天下浇薄之风。实者，不说大话，不说虚名，不行驾空之事，不谈过高之理。如此可以少正天下浮伪之习。因引顾亭林所称匹夫之贱，与有责焉者，以勉之。

庚申九月

57.一味奔放必有颠踬，向贪美名必有大辱

东坡"守骏莫如跛"五字，凡技皆当知之。若一味骏快奔放，必有颠踬之时；一向贪美名，必有大污辱之事。余以"求阙"名斋，即求自有缺陷不满之处，亦"守骏莫如跛"

---

① 作梅：陈鼒的字，曾国藩的幕友。邕谈：畅谈。

之意也。

庚申九月

送人银钱，随人用情之厚薄，一言之轻重，父不能代子谋，兄不能代弟谋，譬如饮水，冷暖自知而已。

庚申十一月

58. 终身守勤守谦，大在其中

古人修身、治人之道，不外乎"勤""大""谦"。勤若文王之不遑；大若舜、禹之不与；谦若汉文之不胜。而"勤""谦"二字尤为彻始彻终，须臾不可离之道。勤所以儆惰也，谦所以儆傲也。能勤且谦，则大字在其中矣。千古之圣贤豪杰，即奸雄欲有立于世者，不外一"勤"字；千古有道自得之士，不外一"谦"字。吾将守此二字以终身。倘所谓"朝闻道，夕死可矣"者乎！

庚申十二月

"劳""谦"二字，受用无穷，劳所以戒惰也，谦所以戒傲也。有此二者，何恶不去？何善不臻？当多写几分，遍示诸弟及子侄。

庚申十二月

吾祖父星冈公在时，不信医药，不信僧巫，不信地仙，卓识定志，确乎不可摇夺，实为子孙者所当遵守。近年，家中兄弟子侄于此三者，皆不免相反。余之不信僧巫，不信地仙，颇能谨遵祖训、父训，而不能不信药。自八年秋起，常服鹿茸丸，是亦不能继志之一端也。以后当渐渐戒止，并函诫诸弟，戒信僧巫、地仙等事，以绍家风。

庚申十二月

【注释品札】

劳者未必皆有所报，但必有自得；谦者虽有自屈，而人必不屈之。但劳勤亦有所不为；谦亦不拒当仁不让，皆须人自度自择之。

59. 古今修己之道与治人之术

立身之道，以禹、墨之"勤俭"，兼老、庄之"静虚"，庶于修己、治人之术，两得之矣。

辛酉十月

周末诸子各有极至之诣，其所以不及孔子者，此有所偏至，即有所独缺，亦犹夷、惠①之不及孔子耳。若游心能如老、庄之虚静，治身能如墨翟之勤俭，齐民能如管、商②之严整，而又持之以不自是之心，偏者裁之，缺者补之，则诸子皆可师，不可弃也。

辛酉八月

与九弟言与人为善、取人为善之道，如大河水盛，足以浸灌小河，小河水盛，亦足以浸灌大河。无论为上、为下、为师、

①夷、惠：伯夷、柳下惠。
②管、商：管仲、商鞅。

为弟，为长、为幼，彼此以善相浸灌，则日见其益而不自知矣。九弟深以为然。

辛酉八月

修己治人之道，止勤于邦，俭于家，言忠信，行笃敬四语，终身用之，有不能尽，不在多，亦不在深。

辛酉十一月

天下凡物加倍磨治，皆能变换本质，别生精彩，何况人之于学？但能日新又新，百倍其功，何患不变化气质，超凡入圣！

辛酉十二月

九弟有事求可、功求成之念，不免代天主张。与之言老、庄自然之趣，嘱其游心虚静之域。

壬戌二月

【注释品札】

师人者为上智。凡人皆有长处可取，否则何以为人？沧浪之水虽有清浊之分，但人亦有洗脸洗脚之用之别。皂不可食，但可去污；油可污衣，但食不可缺。不以一缺以弃物者自无所缺；不以一不足而弃人者，自得其足。

60.四思四知为修身克己之圭臬

静中细思古今亿万年无有穷期。人生其间，数十寒暑仅须臾耳。大地数万里不可纪极，人于其中，寝处游息，昼仅一室耳，夜仅一榻耳。古人书籍，近人著述，浩如烟海，人生目光之所能及者不过九牛之一毛耳。事变万端，美名百途，人生才力之所能办者，不过太仓之一粒耳。知天之长而吾所历者短，则遇忧患横逆之来，当少忍以待其定；知地之大而吾所居者小，则遇荣利争夺之境，当退让以守其雌；知书籍之多吾所见者寡，则不敢以一得自喜，而当思择善而约守之；知事变之多而吾所办者少，则不敢以功名自矜，而当思举贤而共图之。夫如是，则自私自满之见可渐渐蠲①除矣。

壬戌四月

【注释品札】

人生大智慧当如是。一思天长，而知人生之短；二思地广，而知人之所居者小；三思书多，而知己之所知者少；四思天下名物事功之巨，而知己才之不足，力之不及。有此四思四知，人生又有何可自居、自大、自是、自矜？有何可争、可夺、可忌、可不忍、可贪而不已？

读《原毁》《伯夷颂》《获麟》《解龙杂说》诸首，岸然想见古人独立千古，确乎不拔之象。

壬戌四月

61. 尽性知命说

阅王而农②所注张子《正蒙》，于尽性知命之旨，略有所会。盖尽其所可知者，于己，性也；听其不可知者，于天，命

---

① 蠲（juǎn）：蠲除，免除。
② 王而农：即王夫之，明末清初杰出思想家。

也。《易·系辞》"尺蠖之屈"八句，尽性也；"过此以往"四句，知命也。农夫之服田力穑，勤者有秋，惰者歉收，性也。为稼汤世，终归燋烂，命也。爱人、治人、礼人，性也。爱之而不亲，治人而不治，礼人而不答，命也。圣人之不可及处，在尽性以至于命。尽性犹下学之事，至于命则上达矣。当尽性之时，功力已至十分，而效验或有应有不应，圣人于此淡然泊然。若知之若不知之，若着力若不着力，此中消息最难体认。若于性分当尽之事，百倍其功以赴之，而俟命之学，则以淡如泊如为宗，庶几其近道乎！

壬戌十月

【注释品札】

何为性命？凡事属主观可主宰行为者为"性"，受外物所制者为"命"。曾国藩信奉谋事在人，成事在天。凡事力尽人事后，一切顺其自然，淡泊处之。

62. 何为与人为善、取人为善

古圣人之道莫大乎与人为善。以言诲人，是以善教人也；以德薰人，是以善养人也；皆与人为善之事也。然徒与人则我之善有限，故又贵取诸人以为善。人有善，则取以益我；我有善，则与以益人。连环相生，故善端无穷；彼此挹注，故善源不竭。君相之道，莫大乎此；师儒之道，亦莫大乎此。仲尼之学无常师，即取人为善也；无行不与，即与人为善也。为之不厌，即取人为善也；诲人不倦，即与人为善也。念乔窃高位，剧寇方张，大难莫平，惟有就吾之所见多教数人，因取人之所长还攻吾短，或者鼓荡斯世之善机，因以挽回天地之生机乎！①

癸亥正月

处人处事之所以不当者，以其知之不明也。若巨细周知，表里洞彻，则处之自有方术矣。吾之所以不能周知者，以不好问，不善问耳。

癸亥二月

修己治人之道，果能常守"勤""俭""谨""信"四字，而又能取人为善，与人为善，以礼自治，以礼治人，自然寡尤寡悔，鬼伏神钦，特恐信道不笃，间或客气②用事耳。

癸亥八月

温《孟子》，分类记出，写于每章之首，如言心言性之属目，曰性道至言；言取与出处之属，曰廉节大防；言自况自许之属，曰抗心高望；言反躬刻厉之属，曰切己反求。

癸亥十一月

【注释品札】

何为善？善本是人之天性、良知。因而自当以善待人，视人为善。与人为善为输出，取人为善为输入。与人为正人，取人为正己。

---

① 此句大有伊尹之知后知，觉后觉，以天下为己任；孟子之舍我其谁的精神气概。
② 客气：指意气用事、率性而为。

63. 以"浑"字处人之是非最切实用

百种弊病，皆从懒生。懒则弛缓，弛缓则治人不严，而趣功不敏。一处迟，则百处懈矣。

甲子三月

前以八德自勉，曰：勤、俭、刚、明、孝、信、谦、浑。近日，于"勤"字不能实践，于"谦""浑"二字尤觉相违，悚愧无已。"勤""俭""刚""明"四字皆求诸己之事；"孝""信""谦""浑"四字皆施诸人之事。孝以施于上，信以施于同列，谦以施于下，浑则无往不宜。大约与人忿争，不可自求万全处；白人是非，不可过于武断，此"浑"字之最切于实用者耳。

甲子四月

梦见姚姬传先生颀长清癯，而生趣盎然。

甲子十二月

阅圣祖《庭训格言》，嗣后拟将此书及张文端公之《聪训斋语》每日细阅数则，以养此心和平笃实之雅。

乙丑五月

苏诗有二语，云：治生不求富，读书不求官。余为广之，云：修德不求报，能文不求名。兼此四者，则胸次广大，含天下之至乐矣。

戊辰四月

【注释品札】

　　何为"浑"？曾国藩把一个"浑"字，置于"孝""信""谦"三字之上，且反复教其弟曾国荃以浑，要他学李续宾的心有是非而决不口出其言，无非怕因此而增是非，招人恨怨。无非是以浑求同。更何况浑者无错，我什么也不说，你能奈我何？三国时的钟会想害阮籍，便总去拜访他，想抓住他的只言片语为把柄。但是阮籍只要是见了他，连一句话也不说。你能奈我何？

64. 善学者不妄评讥古人

　　为学之道不可轻率评讥古人，惟堂上乃可判堂下之曲直，惟仲尼乃可等百世之王，惟学问远过古人乃可评讥古人而等差其高下。今人讲理学者，动好评贬汉、唐诸儒而等差之，讲汉学者，又好评贬宋儒而等差之，皆狂妄不知自量之习，譬如文理不通之童生而令衡阅乡、会试卷，所定甲乙岂有当哉？善学者于古人之书，一一虚心涵咏，而不妄加评骘，斯可哉。

戊辰四月

65. 人处无奈无助便流信天命

　　近日见纪泽①牙疼，孙儿小疾，每以家中人口为虑。又惦念南中诸弟各家，竟日营营扰扰。偶思咸丰八年四月葛罩山扶乩②，即已预知有是年十月三河之败、温甫③之变。天下万事皆有前定，

---

① 纪泽：曾纪泽，曾公长子，后为著名外交官。
② 扶乩（jī）：占卜问疑，即俗称"算卦"。
③ 温甫：曾国华，字温甫，曾公之弟，战死三河之役。

丝毫不能以人力强求。纷纷思虑，亦何补邪？以后每日当从"乐天知命"四字上用功，治事则日有恒课，治心则纯任天命。两者兼图，终吾之身而已。

己巳七月

老年读书，如旱苗业已枯槁而汲井以灌溉，虽勤无益。古人所以戒时过而后学也，然果能灌溉不休，则禾稼虽枯而菜蔬或不无小补耳。

己巳七月

偶作韵语以自箴，云："心术之罪，上与天通。补救无术，日暮途穷。省躬痛改，顺命勇从。成汤之祷，申生之恭。资质之陋，众所指视。翘然自异，胡不知耻。记纂遗忘，歌泣文史。且愤且乐，死而后已。"

己巳十一月

古来圣哲名儒之所以彪炳宇宙者，无非由于文学、事功。然文学则资质居其七分，人力不过三分；事功则运气居其七分，人力不过三分。惟是尽心养性，保全天之所以赋于我者。若五事则完其肃、义、哲、谋、圣之量，五伦则尽其亲、义、序、别、信之分；充无欲害人之心而仁足，充无穿窬之心而义足，此则人力主持，可以自占七分。人生着力之处当自占七分者，黾勉求之，而于仅占三分之文学、事功，则姑置为缓图焉。庶好名争胜之念可以少息，徇外为人之私可以日消乎？老年衰髦，百无一成，书此聊自警。

己巳十二月

静中细思：孟子之"万物皆备"，张子"事天立命"，王文成之"拔本塞源"，鹿忠节之"认理提纲"。

己巳十二月

《圣祖庭训》之"仁厚"，张文端公家书之"和平"，每日含咀吟咏，自有益于身心。

庚午正月

66. 生时不忘地狱，逆境亦畅天怀

偶作一联云："战战兢兢，即生时不忘地狱；坦坦荡荡，虽逆境亦畅天怀。"

庚午五月

67. 能慎独主敬可得人神共钦

细思古人工夫，其效之尤著者，约有四端：曰慎独则心泰，曰主敬则身强，曰求仁则人悦，曰思诚则神钦。慎独者，遏欲不忽隐微，循理不间须臾，内省不疚，故心泰。主敬者，外而整齐严肃，内而专静纯一，斋庄不懈，故身强。求仁者，体则存心养性，用则民胞物与①，大公无我，故人悦。思诚者，心则忠贞不贰，言则笃实不欺，至诚相感，故神钦。四者之工夫果至，则四者之效验自臻②。余老矣，亦尚思少致吾功，以求

---

① 民胞物与：缩引张载的话。意思是以民众为兄弟，与万物相和谐而无违。
② 臻：达到。

万一之效耳。

庚午八月

前日记所云"思诚则神钦"者，不若云"耐苦则神钦"，盖必廉于取而俭于用，劳于身而困于心，而后为鬼神所钦伏，皆耐苦之事也。

庚午十月

昔年于慎独、居敬等事，全未用功，至今衰老，毫无把握，悔之晚矣。

庚午闰十月

记性日坏，过目之事顷刻即忘，因立记事册，于应记者逐日略记一二，从本日为始。

庚午十二月

68. 守此四端，胸怀可广达天德

古来圣哲，胸怀极广，而可达天德者约有四端，如笃恭修己而生睿智，程子之说也；至诚感神而致前知，子思之训也；安贫乐道而润身睟①面，孔、颜、曾、孟之旨也；观物闲吟而意适神恬，陶、白、苏、陆之趣也。自恨少壮不知努力，老年常多悔惧，于古人心境不能领取一二，反复寻思，叹喟无已！

辛未二月

---

① 睟（suì）：光润的样子。

69. "名心切"则忧惭局促，"俗见重"则如茧自缚

近年焦虑过多，无一日游于坦荡之天，总由于名心太切、俗见太重二端。名心切，故于学问无成，德行未立，不胜其愧馁。俗见重，故于家人之疾病、子孙及兄弟子孙之有无贤否强弱，不胜其萦扰，用是忧惭踽踽①，如茧自缚。今欲去此二病，须在一"淡"字上着意。不特富贵功名及身家之顺逆、子孙之旺否悉由天定，即学问德行之成立与否，一大半关乎天事，一概淡而忘之，庶此心稍得自在。

辛未三月

70. 苦中寻乐之三法

近来每苦心绪郁闷，毫无生机，因思寻乐约有三端：勤劳而后憩息，一乐也；至淡以消忮心②，二乐也；读书声出金石，三乐也。一乐、三乐，是咸丰八年所曾有志行之，载于日记者，二乐则近日搜求病根，迄未拔去者，必须于未死之前拔除净尽，乃稍安耳。

辛未四月

阅《理学宗传》中朱子、陆子。孙氏所录朱子之语，多取

---

① 踽（jǐ）：后脚紧跟前脚，用极小的步子走路。
② 忮（zhì）心：忌妒竞争之心。

其与陆子相近者，盖偏于陆、王之途，去洛闽甚远也。

辛未五月

将《周易》之象及常用之字分为条类，别而录之，庶几取象于天文地理，取象于身于物者，一目了然。

少壮不学，老年始为此謇浅之举，抑何陋也！

辛未十二月

71.晚年自儆八语

前曾以四语自儆，曰：慎独则心安，主敬则身强，求仁则人悦，习劳则神钦。近日又添四语：曰内讼以去恶，曰日新以希天，曰宏奖以育才，曰贞胜以蒙难。与前此四语，互相表里，而下手工夫各有切要之方。不知垂老尚能实践一二否？

辛未十二月

阅《宋元学案》中"百源学案"，于邵子①言数之训一无所解，愧憾之至。

辛未十二月

---

① 邵子：宋人邵雍邵尧夫。被人称为"世之高人"，长于数术之学。

沈源 绘

十八罗汉图：伏虎罗汉（局部）

沈源 绘

十八罗汉图：降龙罗汉（局部）

明朝 代进 绘

达摩六祖弘忍大师图（局部）

曾国藩看地球仪图

陆游石刻像

顾炎武像

王夫之像

第二编 克省待人记

72. 涤旧污者如今日生

忆自辛卯年，改号涤生①。涤者，取涤其旧染之污也；生者，取明袁了凡之言："从前种种，辟如昨日死；从后种种，譬如今日生也。"改号至今九年，而不学如故，岂不可叹！余今年已三十，资禀顽钝，精神亏损，此后岂复能有所成？但求勤俭有恒，无纵逸欲，以丧先人元气。困知勉行，期有寸得，以无失词臣体面。日日自苦，不至佚而生淫。如种树然，斧斤纵寻之后，牛羊又从而牧之；如爇灯然，膏油欲尽之时，无使微风乘之。庶几稍稍培养精神，不至自速死。诚能日日用功有常，则可以保身体，可以自立，可以仰事俯畜，可以惜福，不使祖宗积累自我一人享用而尽，可以无愧词臣，尚能以文章报国。

庚子十月

---

① 涤生：曾国藩，于1831年改字涤生。

73. 与人相处不合者当自省己非

与小岑谭，有不合处。自念一二知心，亦复见疑，则平日之不自修，不见信于人，亦可知矣，可不儆惧乎！

辛丑三月

【注释品札】

人贵自省。自孔孟颜曾四圣而至其传人，无不语一"反"字，无非对怨天尤人而言。凡事当由怨天尤人，反转来向自身查找不足。人知不足而能补之，自足。人知错而能改之，则终生正确。曾国藩一生多反求诸己，以诚待伪，宽大于人，则自成其大。

74. 三十年为一世，来者可追

三十年为一世。吾生以辛未十月十一日，今一世矣。聪明日减，学业无成，可胜慨哉！语不云乎"往者不可谏，来者犹可追"。自今以始，吾其不得自逸矣。

辛丑九月

夜归，与九弟言读书事。九弟悔从前读得不好，若再不认真教他，愈不能有成矣。余体虽虚弱，此后自己工夫尚可抛弃，万不可不教弟读书也。

辛丑十二月

75. 接人不可怠慢，恃友须留分寸，精明不可苛薄

岱云来，久谈，彼此相劝以善。予言皆己所未能而责人者。陈岱云言余第一要戒"慢"字，谓我无处不着怠慢之气，真切中膏肓也。又言予于朋友，每相恃过深，不知量而后入，随分不留分寸，卒至小者龃龉，大者凶隙，不可不慎。又言我处事不患不精明，患太刻薄，须步步留心。此三言者皆药石也。直哉！岱云克敦友谊。

壬寅正月

【注释品札】

人际不可零距离。待亲友至爱之人，亦须留有分寸，不可失却尊重。否则必反唇相伤、反目相仇。一旦反于心则交绝人去。

76. 凡事之目的不可只为压倒他人

果能据德依仁，即使游心于诗字杂艺，亦无在不可静心养气。如作诗之时，只是要压倒他人，要取名誉，此岂复有为己之志？

壬寅正月

凡喜誉恶毁之心，即鄙夫患得患失之心也。于此关打不破，则一切学问才智，适足以欺世盗名。

壬寅正月

【注释品札】

人心之反动。投之以桃，报之以李；以齿还牙，以目还眼。人心如此，人性如此。狗咬狗一嘴毛，何如马啃马各去其痒？人际四患：一为攻击性，二为得失意，三为虚荣心，四为发泄狂而不能自已。

77. 曾氏自省待人"三大过"

小珊前与予有隙，细思皆我之不是。苟我素以忠信待人，何至人不见信？苟我素能礼人以敬，何至人有慢言？且即今人有不是，何至肆口漫骂，忿戾不顾，几于忘身及亲若此！此事余有三大过：平日不信不敬，相恃太深，一也；比时一语不合，忿很无礼，二也；龃龉之后，人反平易，我反悍然不近人情，三也。

壬寅正月

78. 志坚、行恒、主一，为万化之基

与子敬久谈后，子贞归。后，兄弟立次予自寿诗韵，欣羡其才，何为人骛外之见如此其重，而为己之志如此其不坚也。真浊物矣！

壬寅正月

言物行恒，诚身之道也，万化基于此矣。余病根在无恒，故家内琐事，今日立条例，明日仍散漫，下人无常规可循，将来苞众，必不能信，作事必不能成。戒之！

壬寅正月

数日心沾滞于诗，总由心不静故。不专一，当力求主一之法。诚能主一，养得心静气恬，到天机活泼之时，即作诗亦自无妨。我今尚未也，徒以浮躁之故，故一日之间，情志屡迁耳！

壬寅正月

79. 私相猜疑是人际矛盾的起源

凡暌①起于相疑，相疑由于自矜。明察我之于小珊，其如"上九"之于"六三"②乎？吴氏谓合暌之道，在于推诚守正，委曲含宏，而无私意猜疑之弊，戒之勉之！此我之要药也！

壬寅正月

80. 以虚誉悦人，日久人必不重

客来，示以时艺，赞叹语不由中。余此病甚深！孔子之所谓巧令，孟子之所谓餂，其我之谓乎？以为人情好誉，非是不足以悦其心，试思此求悦于人之念，君子乎？女子小人乎？且我诚能言必忠信，不欺人，不妄语，积久人自知之。不赞，人亦不怪。苟有试而誉人，人且引以为重。若日日誉人，人必不重我言矣！欺人自欺，灭忠信，丧廉耻，皆在于此。切戒切戒！

壬寅正月

①暌（kuí）：分离、反目、怒视。
②"上九"之与"六三"："上九"为曾氏家人的名，此处引为九与六三相加同义。

81. 得人肃然起敬者当有庄严相

竹如说理，实有体验，言舍"敬"字别无下手之方，总以严肃为要。自问亦深知"敬"字是吃紧下手处，然每日自旦至夜，瑟僩赫喧之意，曾不可得，行坐自如，总有放松的意思，及见君子时，又偏觉整齐些，是非所以掩着者邪?

《家人·上九》曰："有孚威如。"《论语》曰："望之俨然!"要使房闼之际、仆婢之前、燕昵之友，常以此等气象对之方好，独居则火灭修容。切记切记! 此予第一要药。能如此，乃有转机，否则堕落下流，不必问其他矣。

壬寅正月

吾齿长矣，而诗书六艺一无所识，志不立，过不改，欲求无忝所生，难矣!

壬寅正月

82. 名心重者既望他人说好，又自视高人一层

日内不敬不静，常致劳乏。以后须从"心正气顺"四字上体验。

壬寅正月

每日游思，多半是要人说好。为人好名，可耻! 而好名之意，又自谓比他人高一层，此名心之症结于隐微者深也。

壬寅正月

岱云每日工夫甚多而严，可谓惜分阴者，予则玩泄不振。

壬寅正月

83. 只见人不是者，没有朋友

接家信，大人教以保身三要：曰节欲、节劳、节饮食。又言凡人交友，只见得友不是而我是，所以今日管、鲍，明日秦、越，谓我与小珊有隙，是尽人欢、竭人忠之过，宜速改过，走小珊处，当面自认不是。又云使气亦非保身体之道。小子读之悚然。小子一喜一怒，劳逸疴痒，无刻不萦于大人之怀也。若不敬身，真禽兽矣。

壬寅正月

84. 自治者知易改难，非破釜沉舟不济

日来自治愈疏矣，绝无瑟僴之意，何贵有此日课之册！看来只是好名。好作诗，名心也。写此册而不日日改过，则此册直盗名之具也。亦既不克痛湔旧习，何必写此册？

壬寅

自戒潮烟以来，心神彷徨，几若无主，遏欲之难，类如此矣！不挟破釜沉舟之势，讵有济哉！

壬寅十月

85. 心不静者省身不密，见理不明

唐先生言，最是"静"字工夫要紧，大程夫子是三代后圣

人，亦是"静"字工夫足。王文成亦是"静"字有工夫，所以他能不动心。若不静，省身也不密，见理也不明，都是浮的。总是要静。又曰：凡人皆有切身之病，刚恶柔恶，各有所偏，溺焉既深，动辄发见，须自己体察所溺之病，终身在此处克治。余比告先生，谓素有忿很不顾气习，偏于刚恶，既而自窥所病只是好动不好静。先生两言盖对症下药也。务当力求主静，使神明如日之升，即此以求其继继续续者，即所谓缉熙①也。知此而不行，真暴弃矣！真小人矣！

壬寅十月

86. 为官接人待友须真诚，不可自是独快

窦兰泉来，言理见商，余实未能心领其语意，而妄有所陈，自欺欺人，莫此为甚。总由心有不诚，故词气虚愦，即与人谈理，亦是自文浅陋，徇外为人，果何益哉？

壬寅十一月

冯树堂来，渠近日养得好，静气迎人。谈半时，邀余同至岱云处久谈，论诗文之业亦可因以进德。彼此持论不合，反复辩诘。余内有矜气，自是特甚，反疑人不虚心，何明于责人而暗于责己也？

壬寅十一月

此刻下手工夫，除谨言、修容、静坐三事，更从何处下

---

① 缉熙：光明。

手？每日全无切实处，尚哓哓①与人说理，说他何益？

壬寅十一月

87. 名心一重，种种过失俱来

岱云欲观余《馈贫粮》本，予以雕虫琐琐深闭固拒，不欲与之观。一时掩着之情，自文固陋之情，巧言令色，种种丛集。皆从好名心发出，盖此中根株深矣。

壬寅十一月

凡往日游戏随和之处，不能遽立崖岸，惟当往还渐稀，相见必敬，渐改征逐之习；平日辨论夸诞之人，不能遽变聋哑，惟当谈论渐卑，开口必诚，力去狂妄之习。

壬寅十一月

朱廉甫前辈偕蕙西来，二君皆直谅多闻者，廉甫前辈之枉过，盖欲引余为同志，谓可与适道也。岂知余绝无改过之实，徒有不怍之言，竟尔盗得令闻，非穿窬②而何？

壬寅十一月

自立志自新以来，至今五十馀日，未曾改得一过。此后直须彻底荡涤，一丝不放松。从前种种譬如昨日死；从后种种，譬如今日生。务使息息静极，使此生意不息。

至岱云处，与之谈诗，倾筐倒箧，言无不尽，至子初方归。此时自谓与人甚忠，殊不知已认贼作子矣。日内耽着诗文，

---

① 哓（xiāo）哓：乱嚷、乱叫。
② 穿窬（yú）：钻洞爬墙贼盗。

68

不从戒惧谨独上切实用功，已自误矣，更以之误人乎？

壬寅十一月

冯树堂来，因约岱云来，三人畅谈小酌。二君皆有节制，惟予纵论无闲，仍不出昨夜谈议，而往复自熹，自谓忠于为人，实以重外而轻内，且昧昌黎《知名箴》之训。总之，每日不外乎多言，不外乎要人说好。

壬寅十一月

于与人往还，最小处计较，意欲俟人先施，纯是私意萦绕。克去一念，旋生一念。饭后静坐，即已成寐。神昏不振，一至于此！

癸卯正月

早起，心多游思。因算去年共用银数，抛却一早，可惜。

癸卯正月

88. 怨尤忿根不除，一触即发；发则不可收拾，必致大悔

会客时，有一语极失检，由"忿"字伏根甚深，故有触即发耳。

饭后，语及小故，予大发忿语不可遏，有忘身及亲之忿。虽经友人理谕，犹复肆口漫骂，比时绝无忌惮。树堂昨夜云，心中根子未尽，久必一发，发则救之无及矣。我自蓄此忿，仅自反数次，馀则但知尤人。本年立志重新换一个人。才过两天，便决裂至此。虽痛哭而悔，岂有及乎！真所谓与禽兽奚择

者矣。

癸卯正月

车中无戒惧，意为下人不得力，屡动气。每日间总是"忿"字、"欲"字，往往知而不克去，总是此志颓放耳！可憾可耻。

癸卯正月

坐车中频生气，虽下人不甚能干，实由惩忿绝无功夫，遂至琐细足以累其心。

癸卯正月

自去年十二月廿后，心常忡忡不自持，若有所失亡者，至今如故，盖志不能立时易放倒，故心无定向。无定向则不能静，不静则不安，其根只在志之不立耳。又有鄙陋之见，检点细事，不忍小忿，故一毫之细，竟夕踌躇，一端之忤，终日沾恋，坐是所以忡忡也。志不立，识又鄙，欲求心之安，不可得矣。是夜，竟不成寐，辗转千思，俱是鄙夫之见。于应酬小处计较，遂以小故引伸成忿，惩之不暇，而更引之，是引盗入室矣。

癸卯正月

所以须日课册者，以时时省过，立即克去耳。今五日一记，则所谓省察者安在？所谓自新者安在？吾谁欺乎！真甘为小人，而绝无羞恶之心者矣。

癸卯正月

【注释品札】

怒起于心而生为气。心又何生怒气？无非由人、事、境三柴所引。内火遇外柴，自然怒火中烧，蒸而为烟气。喷薄而出，人何以堪？己何以堪？而必悔之不及。撤火气自消，怒亦自灭。凡事先得心平，心平自气和，平和事自顺，事顺心自顺。于是人我两安。所以，制怒之本，在心平。而修得心平又须自然面对一切存在之功夫。只要出现了，便都当它正常，没有什么应不应该的，应该的是你得面对，一切淡然、泰然、自然处之。其心自平，而自无怒气可生，也便自有顺遂之至。

89. 将尽之灯难经速风，萌条之木不可牧羊

早起，吐血数口。不能静养，遂以斫丧父母之遗体，一至于此；再不保养，是将陷入大不孝矣！将尽之膏，岂可速之以风？萌蘖之木，岂可牧之以牛羊？苟失其养，无物不消，况我之气血素亏者乎！今惟有日日静养、节嗜欲、慎饮食、寡思虑而已。

　　　　　　　　　　　　　　　　　　　癸卯正月

树堂、蕙西、莲舫三人先后来。陪客，坐不安席，若舌比平时较短者，屈伸转旋俱不适。黄莘卿约饮，竟不能去，不知身体何以亏乏若此，不敬身之罪大矣。高景逸先生云："接教言。连日精神不畅，此不可放过。凡天理自然通畅和乐，不通畅处，皆私欲也，当时刻唤醒，不令放倒。"然则人之精神短弱，皆自己有以致之也。

　　　　　　　　　　　　　　　　　　　癸卯正月

余体不舒畅，闷甚不适。高景逸云，凡天理自然通畅。予今闷损至此，盖身被私意私欲缠扰矣，尚何以自拔哉！立志今年自新，重起炉冶，痛与血战一番。而半月以来，暴弃一至于此，何

以为人！何以为子！

癸卯正月

90. 办公事如己事，为国民如身家

戊戌同年团拜。予为值年，承办诸事，早至文昌馆，至四更方归。凡办公事，须视如己事。将来为国为民，亦宜处处视如一家一身之图，方能亲切。予今日愧无此见，致用费稍浮，又办事有要誉的意思。此两者，皆他日大病根，当时时猛省。

癸卯正月

91. 面谀者钓誉，语谑者轻佻，多话者讨嫌

赴张雨农饮约，更初方归。席间，面谀人，有要誉的意思，语多谐谑，便涉轻佻，所谓君子不重则不威也。归途便至杜兰溪家商事，又至竺虔处久谈。多言不知戒，绝无所谓省察者，志安在邪？耻安在邪？

癸卯正月

日来居敬穷理，并无工夫，故闻人说理，听来都是隔膜，都不真切！愧耻孰甚！

癸卯正月

闻刘觉香先生言渠作外官景况之苦，愈知我辈舍节俭，别无可以自立。若冀幸得一外官以弥缝罅漏①，缺瘠则无以自存，

---

① 罅漏：缝隙，比喻事情的漏洞。罅（xià），本义开裂、裂缝、裂洞，引申为漏洞、污点、缺憾。

缺肥则不堪问矣，可不惧哉！

癸卯正月

92. 居敬：内静不生心病，外肃以养身体

自正月以来，日日颓放，遂已一月，志之不立，一至于此。每观此册，不知所谓，可以为人乎！聊存为告朔之饩羊尔。

看书，眼蒙如老人。盖安肆日偷积偷之至，腠理都极懈弛，不复足以固肌肤、束筋骸，于是，风寒易侵，日见疲软，此不能居敬者之不能养小体也。又心不专一，则杂而无主。积之既久，必且怵求迭至，忿欲纷来。其究也，则摇摇如悬旌，皇皇如有所失。总之，曰无主则已。而乃酿为心病，此不能居敬者之不能养大体也。是故吾人行父母之遗体，舍居敬更无别法。内则专静纯一，以养大体；外则整齐严肃，以养小体。如是而不自强，吾不信也。呜乎！言出汝口，而汝则背之，是何肺肠？

癸卯二月

93. 待人交友之道

言多谐谑，又不出自心中之诚。每日言语之失，直是鬼蜮情状，遑问其他？

癸卯二月

观人作应制诗，面谀之，不忠不信，何以为友！圣人所谓善柔便佞之损友，我之谓矣。

癸卯二月

年在壮岁，而颓惰称病，可耻孰甚！今年瞽已四十日矣。一事未成，晏安自甘，再不惩戒，天其殃汝！惕之惕之！

予对客有怠慢之容，对此良友，不能生严惮之心，何以取人之益？是将拒人于千里之外矣。况见宾如此，遑问闲居？火灭修容之谓何？小人哉！

癸卯二月

94. 不可贪天弃天，不可自是欺人

考试之有得失，犹岁之有丰歉也。有耕而即期大有①，是贪天也。然绝不施耕耨之功，不已弃天乎！我则身为惰农，而翻笑穮蓘②为多事，俱孰甚焉！

蕙西面责予数事：一曰慢，谓交友不能久而敬也；二曰自是，谓看诗文多执己见也；三曰伪，谓对人能作几副面孔也。直哉，吾友！吾日蹈大恶而不知矣！

癸卯二月

季师③意欲余致力于考试工夫，而余以身弱为辞，岂欺人哉？自欺而已！暴弃至此，尚可救药乎？

癸卯二月

竹如言及渠生平交道，而以知己许余，且曰"凡阁下所以期许下走之言，信之则足以长自是之私，辞之而又恐负相知之真。吾惟有惧以终始而已"云云。予闻此数语，悚然汗下。竹

---

① 大有：即大丰收、大成之年。
② 穮（biāo）：锄草。蓘（gǔn）：以土壅苗根。
③ 季师：季芒昌，曾任清闽浙总督。

如之敬我，直乃神明内敛，我何德以当之乎！日来安肆如此，何以为竹如知己？是污竹如也！

癸卯二月

处众人中，孤另另若无所许可者，自以为人莫予知，不知在己本一无足知也，何尤人为！

癸卯二月

【注释品札】

贪天者可原而不可望。大希望之心，人人有之，自是情有可原，但希望越高，失望便越大。而那种有地不耕而弃天的人则毫无收获之希望。

95. 溺心者难于自拔

今年忽忽已过两月，自新之志，日以不振，愈昏愈颓，以至不如禽兽。昨夜痛自猛省，以为自今日始，当斩然更新，不终小人之归，不谓云阶招与对弈，仍不克力却。日日如此，奈何？

癸卯三月

何丹畦请余为是正文字，予俨然自任，盖矜心之内伏者深矣。

癸卯三月

日内沾滞于诗，明知诗文以积久勃发为佳，无取乎强索，乃思之不得，百事俱废，是所谓溺心者也，戒之！

癸卯三月

饭后，无所事事，心如悬而不降者，知其不能定且静也
久矣。

甲辰五月

96. 以口舌胜人者戕人自戕

早在朝房言一事，谓"无样子"，失言！欲以口舌胜人，
转为人所不服也。

辛亥七月

97. 耐苦者成其大，不豫者心不安

孙高阳、史道邻皆极耐得苦，故能艰难驰驱，为一代之伟
人。今已养成膏粱安逸之身，他日何以肩得大事！

辛亥九月

凡事豫则立。本日下半天，因明日有天坛兴工、监视行礼
及制造神牌行礼等事，日内未经虑及，颇觉心中不定，惧致贻
误，皆不豫之故也。

辛亥十月

98. 平日不见信于人者，有坏事必遭疑谤

是日，因早间闻人言，刑部同堂诸君子疑我去年所上折有
参劾刑部之言，心不怡者一日。以平日不见信于人，遂招此群
疑众谤也。

壬子正月

99. 局量小而多忿欲，难任大事

是日，忿、欲二念皆大动，竟不能止，恐遂成内伤病矣。

壬子正月

心生忿懥①，盖无养之故也。

戊午六月

子序之言欲余捐除杂念，轻视万事，淡泊明志，信良友之言。余今老矣，忿不能惩，欲不能窒，客气聚于上焦，深用愧憾，古人所以贵于为道日损也。

戊午十一月

悁忿之心蓄于方寸，自咎局量太小，不足任天下之大事。

戊午十一月

心绪作恶，因无耐性，故刻刻不自安适，又以心中实无所得，不能轻视外物，成败毁誉不能无所动于心，甚愧浅陋也。

戊午十二月

余在军中，颇以诗、文废正务，后当切戒。

己未二月

【注释品札】

心胸如器，故有器量之说；心胸如舞台，故有局量之称；

---

① 懥（zhì）：愤怒。

心胸有圣俗之别，故有雅量之谓。人的襟怀大小，不仅决定着事业的宽窄，还决定着人的品位高低与心理生存质量。积仇恨怒怨于心者为自烧，一生天狭地小；心不存怒怨恨仇者，自是海阔天空。人不是为了怨恨而生于斯世的，何苦自寻、自增、自负烦恼？

100. 知命而不起计较之心者自安

思人心所以扰扰不定者，只为不知命；陶渊明、白香山、苏子瞻所以受用者，只为知命。吾涉世数十年，而有时犹起计较之心，若信命不及者，深可愧也。

己未五月

写字略多，困倦殊甚。眼花而疼，足软若不能立者，说话若不能高声者。衰惫之状，如七十许人。盖受质本薄，而疾病忧郁多年缠绵，既有以撼其外；读书学道，志亢而力不副，识远而行不逮，又有以病其内，故不觉衰困之日逼也。

己未五月

101. 六十四卦一言以蔽之：无德者承羞

阅《日知录·易经》①。有曰：《易》六十四卦，三百八十四爻。一言以蔽之，曰不恒其德，或承之羞。读之不觉愧汗。

己未六月

————————

① 《日知录》：明末清初顾炎武所作之书。

观何廉昉书扇头小字，倜傥权奇，自成风格。余年已五十，而作书无一定之风格，屡有迁变，殊为可愧。古文一事，寸心颇有一定之风格，而作之太少，不足以自证自慰。至于居家之道，治军之法，与人酬应之方，亦皆无一定之风格。《传》曰：君子也者，人之成名也；又曰：君子，成德之称。余一无所成，其不足为君子也明矣。

己未七月

此心褊激清介，殊非载福之道，当力移宽大温润一路。

己未十二月

寸衷微有郁积，总由中无所得，下学而不克上达，故世俗之见，尚不免胶扰于怀来耳。

庚申正月

至老洲头登大舟，舟系吴城船厂为余新造者，极坚实，极华丽。因慨然曰："诵韦公'自惭居处崇，未睹斯民康'之句，为之愧悚不已。"

庚申五月

102. 为官当戒师心自用、好言人短

恭读朱批余之师心自用。余昔己亥年进京，临别求祖父教训，祖父以一"傲"字戒我。今皇上又以师心戒我，当刻图书一方，记此二端。

庚申八月

与作梅围棋一局。旋复剀论人情之厚薄，读书人之多涉于虚浮。作梅所陈，多见道之言，余所发多有激之词。

庚申九月

作梅言，见得天下皆是坏人，不如见得天下皆是好人，存一番薰陶玉成之心，使人乐于为善云云。盖风余近日好言人之短，见得人多不是也。

庚申九月

见罗、瞿、江三县令，因语言不合理，余怒斥之甚厉，颇失为人上者泰而不骄、威而不猛之义。

庚申九月

余德薄能鲜，忝窃高位，又窃虚名，已干造物之忌，恐家中老少习于"骄""奢""佚"三字，实深悚惧。

庚申九月

九弟信言古称君有争臣，臣有争君，今兄有争弟。余近以居位太高，虚名太大，不得闻规谏之言为虑。若九弟果能随事规谏，又得一二严惮之友，时以正言相劝勖，内有直弟，外有畏友，庶几其免于大戾乎！居高位者，何人不败于自是！何人不败于恶闻正言哉！

庚申十一月

【注释品札】

"官人"二字不可相混。官人者，一词二主：一主职位为官，一主在其位者也是常人。而常人一在其位，就忘记自己也是常人，所以便自觉高明，目中无人，眼空无物，望天低吴楚了，便有许多恶习发生。再加之众人也常不把官人当常人看，总认为做官自然要高明，而其实多难副。自当师人为要，而不可师心自是。

103. 为官难得身心两适

古人言，昼课妻子夜课梦寐。吾于睡中梦中总乏一种好意味，盖犹未免为乡人也。

庚申十一月

夜因武宁杨令与郑奠互讦之案，颇为郁偪不平。继思谦抑之道，凡事须力戒争胜之心，痛自惩艾！

辛酉正月

身体若有病者，奄奄思睡，或以积阁文牍太多，此心歉然，若有所负疚者而然与？

辛酉六月

少荃①论余之短处，总是儒缓，与往年周弢甫所论略同。

辛酉六月

【注释品札】

守法不贪而败者有以下几种：其一，孤。上不和下不睦。其二，独。大权独揽，小驻也不分散，一言堂、独断专行。且只许自己出镜发光，不给他人以散热的机会。其三，疑。怀疑

---

① 少荃：李鸿章的字。

所有人，却培植私党。其四，忌。与上下所有人争名争功争利争位。其五，刻。不把下属当人看。其六，薄。不念恩义，对人不负责，得鱼弃筌；拔本塞源，自毁根基。其七，荒。吃喝玩乐，多欲而不务正业。其八，怠。松弛懒惰，怠政误事。其九，浮。图虚名，急功近利，华而不实，业废民怨。

104. 名心淡、机心消者自有雅和面目

诚中形外，根心生色。古来有道之士，其淡雅和润，无不达于面貌。余气象未稍进，岂耆欲有未淡邪？机心有未消邪？当猛省于寸衷，而取验于颜面。

辛酉七月

陆放翁谓得寿如得富贵，初不知其所以然，便跻高年。余近浪得虚名，亦不知其所然，便获美誉。古之得虚名，而值时艰者，往往不克保其终。思此，不胜大惧。将具奏折，辞谢大权，不敢节制四省，恐蹈覆𫗧悚乘之咎也。

辛酉十一月

日内与张廉卿屡谈，渠学问又已大进，而余志学二十年，至今毫无进步，耄已及矣。

辛酉十一月

二日因作折，将公事抛荒未断。古人有兼人之才，余不特不能兼人，亦一日兼治数事，尚有未逮甚矣，余之钝也。

辛酉十一月

105. 贤者虽难拔风尚之外，但可不开恶习之先

洪琴西[1]，与之言风俗移人，凡才人皆随风气为转移，虽贤者不能自拔于风尚之外。因言余老，无能有所树立，但不欲开坏风气，导天下以恶习耳。

辛酉十二月

见隋观察时，词色太厉，令人难堪，退而悔之。

壬戌二月

近来事有不如意者，方寸郁塞殊甚，亦足见器量之不闳，养气之不深也。

壬戌七月

106. 遇大忧患时当守三字十二语

寸心郁郁不自得，因思日内以金陵、宁国危险之状，忧灼过度。又以江西诸事掣肘，闷损不堪。皆由平日于养气上欠工夫，故不能不动心。欲求养气，不外"自反而缩，行慊于心"[2]两句；欲求行慊于心，不外"清""慎""勤"三字。因将此三字各缀数句，为之疏解。"清"字曰无贪无竞，省事清心，一介不苟，鬼伏神钦；"慎"字曰战战兢兢，死而后已，行有不

———

① 洪琴西：曾国藩门生，刘传莹弟子。
② 此句为孟子述曾子养气之语。其意为只要反思自身合于义理，所行满足自安于心，便可无所惧。自反，自我反思；缩，合于义；慊，足，心悦。

得，反求诸己；"勤"字曰手眼俱到，心力交瘁，困知勉行，夜以继日。此十二语者，吾当守之终身。遇大忧患、大拂逆之时，庶几免于尤悔耳。

壬戌九月

五更醒，辗转不能成寐，盖寸心为金陵、宁国之贼忧悸者十分之八，而因僚属不和顺、思怨愤懥者亦十之二三。实则处大乱之时，余所遇之僚属，尚不十分傲慢无礼，而鄙怀忿恚①若此。甚矣，余之隘也！余天性褊急，痛自刻责惩治者有年。而有触即发，仍不可遏，殆将终身不改矣，愧悚何已！

壬戌九月

107. 权臣之行径与圣贤之用心不同之处

古人办事，掣肘之处，拂逆之端，世世有之。人人不免恶其拂逆，而必欲顺从，设法以诛锄异己者，权臣之行径也；听其拂逆而动心忍性，委曲求全，且以无敌国外患而亡为虑者，圣贤之用心也。吾正可藉人之拂逆以磨砺我之德性，其庶几乎！

壬戌九月

近日心绪之恶，襟怀之隘，可鄙可耻甚矣！变化气质之难也！

壬戌十月

---

①恚（huì）：急恨，愤怒。

108.一忍二浑三责己，其心自平

光景似箭，冉冉又过十年，念德业之不进，愧位名之久窃。此后，当于"勤""俭""谨""信"四字之外，加以"忍"字、"浑"字，痛自箴砭①，以求益炳烛之明，作补牢之计。

壬戌十二月

近日常见得人多不是，郁郁不平，毋乃明于责人而暗于责己乎？

癸亥正月

比来每以说话微多，遂觉神气疲茶②不支。甚矣，吾衰！身膺重任，大惧陨越，实深惴惴。

癸亥正月

日内应酬繁多，神昏气乏，若不克支持者，然后知高官巨职足以损人之智而长人之傲也。

癸亥二月

观人有抄册，钞余文颇多，自以无实而享盛名，忸怩不宁。

癸亥五月

① 箴（zhēn）：劝告，规戒；砭（biān）：古代用石针扎皮肉治病。
② 茶（nié）：精神不振。

109. 为人多闲暇，出人也不远

古人云：其为人也多暇日者，其出人也不远矣。余身当大任，而月馀以来竟日暇逸不事事，公私废阁，实深惭惧。惟当迅速投劾去位，冀免愆尤耳！

癸亥五月

是日应办奏稿，方不误次日发报之期。一念之惰，遂废本日之常课，又愆奏事之定期。乃知天下百病，生于懒也。

癸亥六月

近日，省察自己短处，每日怠玩时多，治事时少；看书作字治私事时多，察人看稿治公事时少。职分所在，虽日读古书，其旷官废弛，与废于酒色游戏者一也。庄子所谓臧穀所业不同，其于亡羊均也。本无知人察吏之才，而又度外置之，对京察褒嘉之语，殊有愧矣！

甲子三月

110. 权重位久者，必处两难之忧

日内郁郁不自得，愁肠九回者，一则饷项太绌，恐金陵兵哗，功败垂成，徽州贼多，恐三城全失，贻患江西；一则以用事太久，恐中外疑我擅权专利。江西争厘之事不胜，则饷缺而兵溃，固属可虑；胜，则专利之名尤著，亦为可虑。反复筹思，惟告病引退，少息二三年，庶几害取其轻之义。若能从此事机日顺，四海销兵不用，吾引退而长终山林，不

复出而与闻政事，则公私之幸也。

甲子三月

户部奏折似有意与此间为难，寸心抑郁不自得。用事太久，恐人疑我兵权太重、利权太大。意欲解去兵权，引退数年，以息疑谤，故本日具折请病，以明不敢久握重柄之义。

甲子三月

自古高位重权，盖无日不在忧患之中，其成败祸福则天也。

甲子三月

111. 强勉以安命，庄敬以自持

因念家中多故，纪泽儿病未痊愈，心中焦虑之至。而天气阴雨作寒，恐伤麦收，又不知兵事之变态何如，弥觉忧皇不能自宁。因集古人成语作一联以自箴，曰："强勉行道，庄敬日强。"上句箴余近有郁抑不平之气，不能强勉以安命；下句箴余近有懒散不振之气，不能庄敬以自奋。惜强字相同，不得因发音变读而易用耳。

甲子四月

沅弟谈久，稍发摅其抑郁不平之气。余稍沮止劝解，仍令毕其说以畅其怀。沅弟所陈，多切中事理之言，遂相与纵谈至三更。①其谏余之短，言处兄弟骨肉之间，不能养其生机而使

---

① 1864年，湘军攻占南京之后，曾国藩兄弟拥重兵，引起朝野疑忌。曾国藩采取了诸多补救措施，令曾国荃十分不解，兄弟间几乎反目。后来经此次长谈，兄弟方和好如初。

之畅，遂深为忠告曲尽。

甲子八月

112. 高位廉俭为惜福之道

闻家中修整富厚堂屋宇，用钱共七千串之多。不知何以浩费如此，深为骇叹。余生平以起屋买田为仕宦之恶习，誓不为之，不料奢靡若此，何颜见人！平日所说之话，全不践言，可羞孰甚！

李翥汉言，照李希帅之样打银壶一把，为炖人参、燕窝之用，费银八两有奇，深为愧悔。今小民皆食草根，官员亦多穷困，而吾居高位，骄奢若此，且盗廉俭之虚名，惭愧何地！以后当于此等处痛下针砭！

丁卯四月

吾平日以"俭"字教人，而吾近来饮食起居殊太丰厚。昨闻魁时若将军言，渠家四代一品，而妇女在家并未穿着绸缎软料。吾家妇女亦过于讲究，深恐享受太过，足以折福。

丁卯十一月

与万籁轩偶谈家常，渠家百万之富，而日用极俭。其内眷终年不办荤菜，每日书房先生所吃之荤菜，馀剩者撤下则内室吃之；其母过六十后，籁轩苦求，始准添荤菜一样。今乱后而家不甚破，子孙俱好，皆省俭所惜之福也。

丁卯十一月

【注释品札】

廉俭为惜福之道，则无论官、商、绅、民，都是定理。廉者心安无祸，半夜不怕鬼敲门；俭者自如长流水，永无穷乏之日。西方的伊壁鸠鲁都说：得心安宁，有清水面包可食便是幸福。没有财富的人才真正知道财富的快乐，不奢侈的人才知道奢侈的幸福。

113. 有知足愧对之心为载福之器

心绪憧憧，如有所失。念人生苦不知足，方望溪谓汉文帝之终身，常若自觉不胜天子之任者，最为善形容古人心曲。大抵人常怀愧对之意，便是载福之器、入德之门。如觉天之待我甚厚，我愧对天；君之待我过优，我愧对君；父母之待我过慈，我愧对父母；兄弟之待我过爱，我愧对兄弟；朋友之待我过重，我愧对朋友，便觉处处皆有善气相逢。如自觉我已无愧无怍，但觉他人待我太薄，天待我太啬，则处处皆有戾气相逢。德以满而损，福以骄而减矣。此念愿刻刻凛之。

戊辰四月

【注释品札】

幸福是一种感觉。幸福不在于你拥有什么，而在于你的感觉，所以有"幸福感""幸福感指数"的现代词出现。有愧对之心者知足，而知足者常乐是定理。

114. 曾氏居官、居家八败新说

昔年曾以居官四败、居家四败书于日记，以自儆惕。兹恐久而遗忘，再书于此，与前次微有不同。居官四败曰：昏惰任下者败，傲很妄为者败，贪鄙无忌者败，反复多诈者败。居家四败曰：妇女奢淫者败，子弟骄怠者败，兄弟不和者败，侮师慢客者败。仕宦之家不犯此八败，庶有悠久气象。

戊辰四月

余盖屋三间，本为摆设地球之用，不料工料过于坚致，檐过于深，费钱太多，而地球仍将黑暗不能明朗，心为悔歉。余好以"俭"字教人，而自家实不能俭。傍夕与纪泽谈，令其将内银钱所账目经理，讲求俭、约之法。

戊辰四月

纪官侄得取县案首。县令考试甚严，当可免于物议，甚以为慰。吾每虑吾兄弟功名太盛，发泄殆尽。观近年添丁之渐多，子弟之向学，或者祖泽尚厚，方兴未艾，且喜且惴惴也。

戊辰四月

115. 官场末路老年心态之悽惶

在京酒食应酬虽不甚多，而每日疲精以徇物，远不如外省之得以自由。自问胸次添出鄙俗之见，殊无谓也。

戊辰十二月

余生平于酬酢①之际，好察人情之顺逆厚薄。京师势利之薮，处处皆有冷暖向背之分，余老矣，尚存于心而不能化。甚

---

① 酬酢：交往，应对。

矣，余之鄙也！

己巳正月

余以老年吃斋，风中行路，殊非所堪。又念百姓麦稼已失，稷粱不能下种，将成非常之灾。又念纪泽儿在运河一带，风大河浅，家眷各船，胶滞难行。又念施占琦运书箱在海中，恐有不测。种种悬念，不胜焦灼。

己巳四月

余日衰老而学无一成，应作之文甚多，总未能发奋为之。忝窃虚名，毫无实际，愧悔之至！老迈如此，每日办官事尚不能毕，安能更著述邪？

己巳四月

初到直隶①，颇有民望，今诸事皆难振作，恐虎头蛇尾，为人所笑，尤为内疚。于心辗转惭沮，刻不自安。

己巳五月

日月如流，倏已秋分。学业既一无所成，而德行不修，尤悔丛集。自顾竟无湔除改徙之时，忧愧曷已！

己巳八月

念生平所作事，错谬甚多，久居高位而德行学问一无可取，后世将讥议交加，愧悔无及。

己巳八月

---

① 1868 年 9 月，曾国藩自江督任上奉命调任直隶总督，由南京赴保定督署上任。

116. 暮年心气常思咎悔自讼

余回忆生平，愆尤丛集，悔不胜悔。而精力疲惫，自问更无晚盖之力。乃作一联，云："莫苦悔已往愆尤，但求此日行为无惭神鬼；休预怕后来灾祸，只要暮年心气感召祥和。"

己巳八月

梦在场中考试，枯涩不能下笔，不能完卷，焦急之至，惊醒。余以读书科第，官跻极品，而于学术一无所成，亦不能完卷之象也，愧叹无已。

庚午正月

念此生学问文章，一无所成，愧悔无已。

庚午二月

自二月杪右目失明①，至是四十馀日，不敢治事，每日暇逸，愧悔身闲而心乱，盖生平之一无所养甚矣。

庚午四月

人而不勤，则万事俱废，一家俱有衰象。余于三四月内不治一事，于居家之道大有所损，愧悚无已。

庚午五月

余年来出处之间多可愧者，为之蹐踖不安，如负重疚。年

---

① 1868 年，曾国藩右目失明。

老位高，岂堪常有咎悔之事。

庚午十月

到江宁任又已两月馀。应办之事全未料理，悠悠忽忽忝居高位，每日饱食酣眠，惭愧至矣。

庚午十二月

自省目病之源泉在肝，肝病之源则由于忮心①、名心不能克尽之故，在室中反复自讼，不能治事。

辛未四月

至花园②一览。园在署西，现在修工未毕，正值赶办之时。偶一观玩，深愧居处太崇，享用太过。

辛未十二月

余精神散漫已久，凡遇应了结之件，久不能完；应收拾之件，久不能检。如败叶满山，全无归宿。通籍三十馀年，官至极品，而学业一无所成，德行一无可许，老大徒伤，不胜悚惶惭赧！

壬申二月

【注释品札】

人生何须自忏悔。人无完人，而必有憾事；人非神圣，一

---

① 忮（zhì）：有忌刻、刚强、刚愎、强悍多义。曾公文中多用"忮心"一词，概指忌妒争心。有其《不忮诗》可证。
② 此处指南京城内两江总督衙内的西花园。

点遗憾都没有的不算人生。做了的事无论对错无须忏悔，忏悔对既成事实无任何意义；没做到的事也无须懊悔，因为人生无法规避时空造物预定的机会损失法则。人生努力、尽力了，结果怎样都无所谓，而何须自讼忏悔，自寻不安。

历代帝王图（局部） 阎立本 绘

隋文帝杨坚与隋炀帝杨广

清人绘

唐太宗问君道图

二十四孝图

汉文帝亲侍母病

南北朝漆画（局部）

如履薄冰图

徐寿像

容闳像

唐宣宗

沉斷明察吏民敬畏
無復仁恩衰唐元氣

唐宣宗像

第三编 政德治术记

117. 国富不可恃，可恃者 用得其人，人得当赏

隋开皇之十二年，有司家府藏，皆满无所容，积于廊庑，曾不一纪；炀帝嗣位，东征高丽，南幸江都，遂至困穷；唐天宝之八载，帝观帑藏金帛充牣，古今罕俦，曾不数年，禄山反叛，九庙焚毁，六飞播迁，遂以大变。故国之富不足恃，独恃有人主兢兢业业之一心耳。

辛亥七月

李牧在赵，匈奴不侵；汲黯在朝，淮南寝谋；林甫为相，阁凤反，卢杞柄政，李怀光叛，反叛非其本心也。故人君慎置左右之臣，其益于人国者多矣。

辛亥七月

陈汤斩郅支单于之首，匡衡抑其功，仅得封关内侯；郝灵荃得突厥默啜之首，宋璟抑其功，仅得授郎将。其后汤以非罪而流，灵荃以恸哭而死。宰相妒功病能，人之不得伸其志者，多矣。

辛亥七月

唐宣宗之立，不能平于李德裕，至毛发为之洒淅，此与霍光骖乘而宣帝芒刺在背者，何以异？功高震主，或不无自伐之容。公孙硕肤赤舄[①]几几，此周公所以为大圣也。

辛亥九月

118. 为官者须得大局，统筹兼顾

裴耀卿置输场于河口，河口即汴水达于黄河之口也。南人舟运江淮之米自汴以达河口，吴人不习河漕，便令输米于河口之仓而去，则吴人便矣。三门，即砥柱山，在洛阳之东，地最险，不可行舟。耀卿于三门之东、西各置一仓，又凿山开车路十八里，以避三门之险。江淮之米既输于河口之仓矣，官为别雇舟溯河漕至三门之东，视水可通则径以舟过三门，水险则由车路挽过三门，输入三门以西之太原仓，然后入渭以漕关中。自江淮至河口，自河口至三门，自三门入渭至长安，凡三次转搬乃得达也。今天下之漕粮，概用长运漕至袁浦。黄高于清则百端营谋，行灌塘渡舟之下策。虞黄倒清汙湖之巨患种种敝坏，未知所底？故鄙意常欲行搬运之法，于袁浦置仓，杨庄各仓亦修葺之，分天下之漕艘，半置河以南，半置河以北，每年各运两次。为河帅者，治河则不顾淮，治淮则不顾河，治运则不顾河、淮，庶几易为力乎？

辛亥七月

天下之大事宜考究者凡十四宗。曰官制，曰财用，曰盐

---

① 舄（xì）：原义为鞋子，又有高大之义。本句为《诗经》中的一个典故，是写周公抱着儿童时代的周成王登基，辅佐他一生而无野心的历史故事。

政，曰漕务，曰钱法，曰冠礼，曰婚礼，曰丧礼，曰祭礼，曰兵制，曰兵法，曰刑律，曰地舆，曰河渠，皆以本朝为主，而历溯前代之沿革本末，衷之以仁义，归之以易简。前世所袭误者，可以自我更之；前世所未及者，可以自我创之。其苟且者，知将来之必敝；其至当者，知将来之必因，所谓虽百世可知也。

辛亥七月

文官加养廉，始于雍正三年之耗羡归公；武官加养廉，始于乾隆四十六年之补缺额名粮。

戊午十一月

【注释品札】

君臣之忌。为君者不用人，用非其人，用不当其才、其功者，为治国之大忌。而为人臣者大忌无过于功高震主，惹奸小忌功下石。而古今亦不乏君臣际遇，两无猜忌之例；亦不乏周公以诚避流言而得少主终生信任之例。这就是既有天命又有人谋了。

119. 用乡绅之法：钓以名利而不说破

王霞轩来辞行，将以明日往南丰，余告以用绅士之法，宜少予以名利而仍不说破，以养其廉耻。霞轩深以为然。

戊午十二月

120. 为将帅者当以法立令行、整齐严肃为先

温《循吏传》。太史公所谓循吏者，法立令行，能识大体而已。后世专尚慈惠，或以煦煦为仁者当之，失循吏之义矣。思为将帅之道，亦以法立令行、整齐严肃为先，不贵煦妪也。

己未三月

121. 人心不古，当以高调得名，以笼络得民心

三代下，不矫激不足以得美名，不要结不足以得民心。

己未九月

122. 人才：人以用为先，才须后成

人才以陶冶而成，不可眼孔甚高，动谓无人可用。

己未九月

胡中丞言州县办上司衙门之差，所费不过百千，而其差总、家丁开报至三四千串之多，县令无所出，则于钱粮不解，积为亏空，皆天家①受其弊。故湖北州县现无丝毫差事，如有，向例由州县办差者，皆由藩库发实银与州县，令其发给，不使州县赔垫分毫。其名则天家吃亏，其实则州县无可藉口，钱漕扫数清解，为天家添出数十倍之利。信为知言。

庚申四月

———————

① 天家：指官家、朝廷。

123. 居高位当思"不与""不终""不胜"

居高位之道，约有三端；一曰不与，谓若于己毫无交涉也；二曰不终，古人所谓"日慎一日，而恐其不终"，盖居高履危而能善其终者鲜矣；三曰不胜，古人所谓"懔乎若朽索之驭六马，栗栗危惧，若将陨于深渊"，盖惟恐其不胜任也。鼎折足，覆公𫗧，其形渥凶，言不胜其任也。方望溪言汉文帝之为君，时时有谦让。若不克居之意，其有得于不胜之义者乎！孟子谓周公有不合者，仰而思之，夜以继日，其有得于惟恐不终之义者乎！

庚申六月

124. 创业英雄贵襟怀豁达，末世英雄以心力劳苦为己任

盛世创业垂统之英雄，以襟怀豁达为第一义；末世扶危救难之英雄，以心力劳苦为第一义。

庚申六月

125. 料理官事的夜间三课

料理官事：摘由备查，一也；圈点京报，二也；注解搢绅①，三也。此三者，夜间之功课，亦留心庶事之一法也。

庚申六月

---

① 搢（jìn）绅：旧时高级官吏的装束，亦用为官宦的代称。

126. 好大言虚空的文人不可用

沅弟信极论文士之涉于虚空不可用，其言颇切当。

庚申八月

李次青赴徽州，余与之约法五章：曰戒浮，谓不用文人之好大言者；曰戒谦，谓次青好为逾恒之谦，启宠纳侮也；曰戒滥，谓银钱、保举，宜有限制也；曰戒反复，谓次青好朝令暮改也；曰戒私，谓用人当为官择人，不为人择官也。

庚申八月

127. 委用吏员绅士各有"四道"

委员之道，以四者为最要：一曰习劳苦以尽职，一曰崇俭约以养廉，一曰勤学问以广才，一曰戒傲惰以正俗。绅士之道，以四者为要：一曰保愚懦以庇乡，一曰崇廉让以奉公，一曰禁大言以务实，一曰扩才识以待用。

辛酉八月

128. 驭下宜严，治事宜速

九弟临别，深言驭下宜严，治事宜速。余亦深知驭军、驭吏皆莫先于严，特恐明不旁烛，则严不中礼耳。

辛酉十月

向来安徽与江苏合闱乡试，既有长江之险，难于远行，又以号舍之少，难于录遗，故上江深以乡试为苦。余意欲令上下分闱考试，故于五月奏折内略一及之。本日，看定北门、东门之间可为贡院基址，惜高下不甚平耳。

辛酉十一月

129. 居官治世之道当以修身而化民风

治世之道，专以致贤养民为本。其风气之正与否，则丝毫皆推本于一己之身与心，一举一动，一语一默，人皆化之，以成风气。故为人上者，专重修身，以下之效之者速而且广也。

辛酉十一月

一省风气，系乎督、抚、司、道及首府数人。此外官绅，皆随风俗为转移者也。

辛酉十一月

周弢甫将赴上海催饷，余勉之以维持风教，勿自菲薄。引顾亭林《日知录》"匹夫之贱，与有责焉"一节，以勖之。

辛酉十一月

130. 地方大吏对下属宜行君道兼师道

为督抚①之道，即与师道无异。其训饬属员殷殷之意，即与人为善之意，孔子所谓"诲人不倦"也；其广咨忠益，以身作

---

① 督抚：即总督、巡抚，清代最高的地方官员。巡抚为一省之长官，总督为两至三省之军政最高长官。

则，即取人为善之意，孔子所谓"为之不厌"也。为将帅者之于偏裨，此皆以君道而兼师道。故曰"作之君，作之师"又曰"民生于三事之如一。"皆此义尔。

壬戌三月

131. 为政得人、治事之八术

为政之道，得人、治事二者并重。得人不外四事，曰广收、慎用、勤教、严绳。治事不外四端，曰经分、纶合、详思、约守。操斯八术以往，其无所失矣。

壬戌四月

定城南城外发赈章程。因冒滥者多，十六日发至四万四千人之众，后此断难为继，乃定为每人发小票一纸。十九日察看真正饥民，给与一票，二十二日持票领米。二十三日再加察看，给二十五日之米票，二十五日再加甄别，给二十八日之米票。每三日一发，上次给下次之票，庶几渐免于冒滥。

壬戌四月

132. 办公须分门别类，一缕精心用于幽微之境

近日公事不甚认真，人客颇多，志趣较前散漫。大约吏事、军事、饷事、文事，每日须以精心果力，独造幽奥，直凑单微，以求进境。一日无进境，则日日渐退矣。以后每日留心吏事，须从勤见僚属、多问外事下手；留心军事，须从教训将领，屡阅操练下手；留心饷事，须从慎择卡员、比较入数下手；留心文事，须从恬吟声调、广征古训下手。每日午前于吏事、

军事加意，午后于饷事加意，灯后于文事加意。以一缕精心，运用于幽微之境，纵不日进，或可免于退乎？

壬戌八月

每日应办之事，积阁甚多，当于清早单开本日应了之件，日内了之，如农家早起分派本日之事，无本日不了者，庶积压较少。

壬戌闰八月

【注释品札】

为官三心而无二意。此篇言为官之尽心；下篇言为官之公心、良心。尽心于公务，必以勤细为先；公心于提拔属员，必以不滥，不送人情为要。尽心与公心，无不生发于良心。此为官者不负所托，恪尽职责之三心而无二意。二意者不一心是也，其一，渎职误事；其二以公营私。为人官者，自当恪守三心，力戒二意。

133. 为官不可以公器，市一己私恩

大君以生杀予夺之权授之督抚将帅，犹东家以银钱货物授之店中众伙，若保举太滥，视大君之名器不甚爱惜，犹之贱售浪费，视东家之货财不甚爱惜也。介之推曰：窃人之财，犹谓之盗，况贪天之功以为己力乎！余则略改之曰：窃人之财，犹谓之盗，况假大君之名器以市一己之私恩乎！余忝居高位，惟此事不能力挽颓风，深为惭愧。

癸亥四月

134. 为地方官全仗年丰民乐以欢心

是日在途中见麦稼为旱所伤，高不过二三寸，节气已届收割而吐穗极少，间有用人力施水灌溉者，高或六七寸，色青而穗亦可观。嵇康所云："一溉者后亡。"信人力足以补天事之穷。然百分中不过二三分，馀则立见黄槁。纵三日之内大雨，亦无救矣。目击心伤，不忍细看。

己巳四月

为疆吏者，全仗年丰民乐，此心乃可以自恬，若事事棘手，则竟日如在桎梏中矣。

己巳五月

阅《吴文节公①集》，观其批属员之禀，甚为严明，对之有愧。吾今日之为督抚，真尸位耳！

辛未正月

135. 地方兴办事业的六个原则

古圣王制作之事，无论大小精粗，大抵皆本于平争、因势、善习、从俗、便民、救敝。非此六者，则不轻于制作也。吾曩者志事以老、庄为体，禹、墨为用，以不与、不遑、不称三者为法，若再深求六者之旨而不轻于有所兴作，则咎戾鲜矣。

戊辰十二月

---

① 吴文节公：吴文镕，曾国藩的科举座师恩公，湖广总督。战死于湖北黄州。

136. 借洋务以自强，报怨亦有其具

欲制夷人，不宜在关税之多寡、礼节之恭倨上着眼。即内地民人处处媚夷、艳夷而鄙华，藉夷而压华，虽极可憾可恶，而远识者尚不宜在此等着眼。吾辈着眼之地，前乎此者，……欲求自强之道，总以修政事、求贤才为急务，以学作炸炮、学造轮舟等具为下手工夫。但使彼之所长，我皆有之，顺则报德有其具，逆则报怨亦有其具。若在我者，挟持无具，则曲固罪也，直亦罪也，怨之罪也，德之亦罪也。内地之民，人人媚夷，吾固无能制之；人人仇夷，吾亦不能用也。

壬戌五月

华衡芳、徐寿所作火轮船之机来此试演。其法以火蒸水，气贯入筒，筒中三窍，闭前二窍，则气入前窍，其机自退，而轮行上弦；闭后二窍，则气入后窍，其机自进，而轮行下弦。火愈大，则气愈盛，机之进退如飞，轮行亦如飞。约试演一时。窃喜洋人之智巧，我中国人亦能为之，彼不能傲我以其所不知矣。

壬戌七月

至机器局，观一切制造机器，屋宇虽不甚大，而机器颇备。旋观新造之轮船，长十六丈，宽三丈许。最要者惟船底之龙骨，中间龙骨夹层两边，各龙骨三根。中骨直而径达两头，两边骨曲而次第缩短。骨之下板一层，骨之上板一层，是为夹板，板厚三寸。龙骨之外，惟船肋最为要紧，约宽厚三寸有奇，

皆用极坚之木。计此船七月可以下水。

戊辰五月

至炮厂拜刘佐禹、马格里，渠备洋酒点心，小饮刻许。阅新作之炮，三十六筒可以齐放，则三十六子同出如倾盆之雨；可以连环放，则各子继出如挝急鼓。又阅放火箭，每箭筒长尺许，圆径寸馀，远约三里许。又阅放开花炮。

辛未十月

仇英 绘

龙战图

阎立本 绘

陈文帝画像

杨遇春像

韩信像

第四编 用兵道思记

137. 知五主五客、五正五奇，变化无定者可带兵

　　凡用兵，主客奇正，夫人而能言之，未必果能知之也。守城者为主，攻者为客；守营垒者为主，攻者为客；中途相遇，先至战地者为主，后至者为客；两军相持，先呐喊放枪者为客，后呐喊放枪者为主；两人持矛相格斗，先动手戳第一下者为客，后动手即格开而即戳者为主。中间排队迎敌为正兵，左右两旁抄出为奇兵；屯宿重兵，坚札老营，与贼相持者为正兵，分出游兵，飘忽无常，伺隙狙击者为奇兵；意有专向，吾所恃以御寇者为正兵，多张疑阵，示人以不可测者为奇兵；旌旗鲜明，使敌不敢犯者为正兵，羸马疲卒，偃旗息鼓，本强而故示以弱者为奇兵；建旗鸣鼓，屹然不轻动者为正兵，佯败佯退，设伏而诱敌者为奇兵。忽主忽客，忽正忽奇，变动无定时，转移无定势，能一一区而别之，则于用兵之道思过半矣。

己未

138. 哀兵：将有死心，卒无生气者胜

兵者，阴事也。哀戚之意，如临亲丧；肃敬之心，如承大祭，庶为近之。今以羊牛犬豕而就屠烹，见其悲啼于割剥之顷，宛转于刀俎之间，仁者将有所不忍，况以人命为浪博轻掷之物，无论其败丧也，即使幸胜，而死伤相望、断头洞胸、折臂失足、血肉狼籍日陈吾前，哀矜之不遑，喜于何有？故军中不宜有欢欣之象，有欢欣之象者，无论或为和悦，或为骄盈，终归于败而已矣。田单之在即墨，将军有死之心，士卒无生之气，此所以破燕也；及其攻狄也，黄金横带而骋乎淄、渑之间，有生之乐，无死之心，鲁仲连策其必不胜。兵事之宜惨戚，不宜欢欣亦明矣。嘉庆季年，名将杨遇春屡立战功，尝语人曰：吾每临阵，行间，觉有热风吹拂面上者，是日必败；行间若有冷风，身体似不禁寒者，是日必胜。斯亦肃杀之义也。

己未

【注释品札】

兵者杀伐诡道，而以儒者论之，自有仁心味道。不止学养其深，且文采盎然，读之自有兴致，理明于事，道言娓娓，古今兵学家言，独此一枝。

139. 新军气锐，主帅善用亦可致胜

田单攻狄，鲁仲连策其不能下，已而果三月不下。田单问之，仲连曰："将军之在即墨，坐则织蒉，立则仗锸，为士卒倡。将军有死之心，士卒无生之气，闻君言，莫不挥涕奋臂而欲

战，此所以破燕也。当今将军东有夜邑之奉，西有淄上之娱，黄金横带而骋乎淄、渑之间，有生之乐，无死之心，所以不胜也。"余尝深信仲连此语，以为不刊之论。同治三年，江宁克复后，余见湘军将士骄盈娱乐，虑其不可复用，全行遣撤归农。至四年五月，余奉命至山东、河南剿捻，湘军从者极少，专用安徽之淮勇。余见淮军将士，虽有振奋之气，亦乏忧危之怀，窃用为虑，恐其不能平贼。庄子云：两军相对，哀者胜矣。仲连所言以忧勤而胜，以娱乐而不胜，亦即孟子"生于忧患，死于安乐"之指也。其后，余因疾病疏请退休，遂解兵柄。而合肥李相国卒用淮军削平捻匪，盖淮军之气尚锐。忧危以感士卒之情，振奋以作三军之气，二者皆可以致胜，在主帅相时而善用之已矣。余专主忧勤之说，殆知其一而不知其二也。聊志于此，以识吾见理之偏，亦见古人格言至论不可举一概百，言各有所当也。

辛未

140. 书固不可尽信，亦不可不信

《史记》叙韩信破魏豹[①]以木罂渡军，其破龙且以囊沙壅水，窃尝疑之。魏以大将柏直当韩信，以骑将冯敬当灌婴，以步将项它当曹参，则两军之数，殆亦各不下万人。木罂之所渡几何？至多不过二三百人，岂足以制胜乎？沙囊壅水，下可渗漏，旁可横溢，自非兴工严塞断不

能筑成大堰，壅之使下流竟绝，如其宽河盛涨，则塞之固难，决之亦复不易；若其小港微流，易壅易决，则决后未必遂不可涉渡也。二者揆之事理，皆不可信。叙兵事莫善于《史

---

① 魏豹：战国时魏国贵族。后自立为魏王，引兵从项羽，韩信破魏被掳。

记》。史公叙兵莫详于《淮阴传》，而其不足据如此。孟子曰：尽信书，则不如无书。君子之作事，既征诸古籍，诹诸人言而又必慎思而明辨之，庶不至冒昧从事耳。

辛未

141. 会战之期不可约，信不可不通

约期打仗最易误事。然期不可约，信则不可不通也。

丁巳

治军之道，以勤字为先。身勤则强，佚则病；家勤则兴，懒则衰，国勤则治，怠则乱；军勤则胜，惰则败。惰者，暮气也，常常提其朝气为要。

142. 作战须力尽人谋，半听天命

凡打仗，一鼓再鼓而人不动者，则气必衰减；凡攻垒，一扑再扑而人不动者，则气必衰减。

守城煞非易事，银、米、子药、油盐有一不备，不可言守备矣。又须得一谋勇兼优者为一城之主。

军中须得好统领、营官，统领、营官须得好真心实肠，是第一义；算路程之远近，算粮仗之阙乏，算彼己之强弱，是第二义，二者微有把握。此外良法，虽多调度，虽善，有效有不效，尽人事以听天而已。

兵者，不得已而用之，常存一不敢为先之心，须人打第一下，我打第二下。

己未二月

143. 军贵临事而惧、好谋而成、用人得当、法纪威严

近年从事戎行，每驻扎之处周历城乡，所见无不毁之屋，无不伐之树，无不破之富家，无不欺之穷民。大抵受害于贼者十之七八，受害于兵者亦有二三。目击心伤，喟然私叹，行军之害民，一至此乎！故每于将官委员告戒，总以禁止骚扰为第一义。

军事有骄气、惰气，皆败气也。孔子之"临事而惧"则绝骄之源，"好谋而成"则绝惰之源，无时不谋，无事不谋，自无惰时矣。

古人有言曰：作事威克厥爱，虽小必济。娄敬所谓"逆取顺守"，亦此意也。军营用民夫，其先则广取之，虐役之，其后则体恤必周，给钱必均。法可随处变通，总须用人得当耳。

洋烟为坏营规之最，尽行汰去，不可稍存姑待之意。黎明点名，卯正辰初即可点毕，嗣后每早或查营，或点名，或看操，三者总行其一，不专行查营一事也。

练勇之道，必须营官昼夜从事，乃可渐几于熟，如鸡伏卵，如炉炼丹，未宜须臾稍离。

丙辰

战阵之事，须半动半静，动如水，静如山。

己未二月

【注释品札】

此惧者为不骄，不轻敌、轻事，必全力以赴方可成事，若

惧为胆怯者便败事有余了。而好谋不如善断。曾子言三思而后行，而孔子纠正说：二思足已。

144. 军不可无气，凡气皆一利一弊

军事不可无悍鸷之气，而骄气即与之相连；不可无安详之气，而惰气即与之相连。有二气之利而无其害，有道君子，尚难养得恰好，况弁勇乎？

戊午

【注释品札】

凡事一利必有一弊。不可只见一端。祸从口出，病从口入，但天下人哪有不言、不食者？但胡说、乱吃肯定是祸。天下人、天下事概莫能外，重要的是权后知轻重、量后知短长，见周知大小而已。

145. 胜败之道与行军扎营之法

凡用兵之道，本强而故示敌以弱者，多胜，本弱而故示敌以强者，多败，敌加于我审量而后应之者，多胜；漫无审量轻以兵加于敌者，多败。

凡修垒以濠深为妙，木城及外墙均有流弊，恐反为贼遮蔽炮子也。

修碉之事：军士四出征剿，有老家以为基址，亦行军一法也。择地有两法，有自固者，有扼贼者。自固者，择高山，择要隘；扼贼者，择平坦必经之路，择浅水津渡之处。嗣后，每立一军则修碉二十座以为老营，环老营之四面方三百里皆可往

来梭剿，庶几可战可守，可奇可正，得四军可靠者则变化无穷。于景镇作一榜样，而他军效法行之。

与李少荃、许仙屏言团练之无益于办贼，直可尽废。如必欲团练，则不可不少假以威权。

己未四月

146.驭将须推之以敬、临之以庄、克之以威

近年驭将失之宽厚，又与诸军相距过远，危险之际弊端百出。然后知古人所云"作事威克厥爱，虽小必济"反是，乃败道也。

推之以敬，临之以庄。无声无形之际，常有懔然难犯之象。则人知威矣。孟子曰："君子以仁存心，以礼存心。"守是二者，虽蛮貊之邦可行，又何兵勇之不治哉？

己未六月

147.带勇恩不如仁，威莫如礼

带勇之法：用恩莫如用仁，用威莫如用礼。仁者，即所谓欲立立人，欲达达人也，待弁勇如待子弟之心，尝望其成立，望其发达，则人知恩矣。礼者，即所谓无众寡，无小大，无敢慢，泰而不骄也；正其衣冠，尊其瞻视，俨然人望而畏之，威而不猛也；持之以敬，临之以庄，无形无声之际，常有懔然难犯之象，则人知威矣。守斯二者，虽蛮貊之邦行矣，何兵勇之不可治哉？

己未八月

【注释品札】

驭人无过三知。庄、敬、恩、威、礼、仁，各不过草药一味各管一病，天下无一方治百病的。知其心，知其性，知其病之所在，方可言用何药。以自是或验方而一以驭人，无往而不跌失。

148.火药辗造之法

余至武昌火药局看造火药之法，以铜为轮，以铁为辗，圜地为大磨盘，以牛碾之。盘大径二丈三尺，周围七丈许。每盘用四牛，每牛速曳两轮。盘外周围沟槽约宽八寸许，火药在槽内，牛行槽外，驭牛之人行槽内，每牛以一人驭之。每两牛四轮之后，则有铲药者一人随之，执铜铲于槽内铲动，庶辗过之后，火药不患太紧也。又有小磨盘，磨磺与磨麦相似，仅用一人。又有柜筛磺筛炭，其法绝精，非图说不能明。

己未八月

149.营务贵树人、立法

营务处之道，一在树人，一则立法。有心人不以不能战胜攻取为耻，而以不能树人立法为耻。树人之道有二：一曰知人善任，一曰陶镕造就。

己未九月

【注释品札】

知其所短即为知人，用其所长即为善任。能以其长为所用，能避其短之为害，即为高人。只知其短者必为人才浪费，只知其长者必害事害己。

150. 带兵之法二则

凡军骄气则有浮淫之色，惰气则有庵滞之色，须时时察看而补救之。

带兵之道，"勤""恕""廉""明"四字缺一不可。

军务须从日用眠食上下手。

庚申正月

吕蒙诛取铠之卒，魏绛戮乱行之仆，古人处此，岂以为名？非是例，无以警众耳。

窄路打胜仗，全系头敌数人，若头敌站不住，后面虽有好手亦被人挤退了。

出青之法，即《汉书·赵充国传》所谓"就草"①。

庚申三月

151. 兵勇将帅无不思出乎其类

天下之人稍有才智者，必思有所表现，以自旌异于人，好胜者此也，好名者亦此也。同当兵勇，则思于兵勇中翘然而出其类；同当长夫，则思于长夫中翘然而出其类；同当将官，则思于将官中翘然而出其类；同为主帅，则思于众帅中翘然而出其类。虽才智有大、小、浅、深之不同，其不知足、不安分，

---

① 就草：军马一月之食超过一个农夫一年所食。所以赵充国建议，每年春天四月青草生发时，当以20%的军马以放牧为主，士马兼做屯田，无事为牧为农，有战事聚而为兵。

则一也。能打破此一副庸俗之见，而后可与言道。

庚申四月

古人以用兵之道通于声律，故听音乐而知兵之胜败、国之存亡。余生平于音律、算法二者一无所解，故不能知兵耳。

庚申十月

【注释品札】

自励之时，不可无出拔之心；临战、临事则以成、胜为要，而不可以贪功竞进邀名之心而为。曾公向反出拔之心无非如此而已，而绝非要人甘居人后，无所作为。

152. 湘军水师御炮之法

用兵之难，莫大于见人危急而不能救。

明戚继光《纪效新书》中，有立牌，即古之盾也，有圆牌，即今之藤牌也，统谓之曰挡牌。又有所谓刚柔牌者，其法以生漆牛皮蒙于外，而以湖绵搓成小团及头发装于内。盖戚氏自以巧思制造，非有所师于古也。古之干盾，所以捍御矢石；今之挡牌，所以捍御炮子。炮子所当，无坚不破，岂矢石所可同年而语哉？国藩初办水师时，尝博求御炮子之法，以鱼网数层悬空张挂，炮子一过即穿，不能御也；以絮被渍湿张挂，炮子一过即穿，不能御也；以生牛皮悬于船旁，以藤牌陈于船梢，不能御也；又作数层厚牌，以竹鳞排于外为一层，牛皮为一层，水絮为一层，头发为一层，合而成牌，亦不能御也。以此而推，戚氏之刚柔牌不足以御炮子明矣。鸟枪子，如梧子大者，或有法以御之，抬枪子、劈山炮子，凡大如黄豆以上者，竟无拒御之法。近时杨军门载福等深知炮子之无可御，遂屏弃鱼网、水絮、牛皮等物，一切不用，直以血肉之躯植立船头，可避者避之，不可避者听之。而其麾下水师弁勇，亦相率而植立直前，无所回避。明于此义，而古来干盾、橹牌诸器皆可废矣。友人刘腾鸿峙衡治军，刁斗森严，凛不可犯。临阵则埋根行首，坚立如山，有名将之风，惟过于自憙。在武昌时，尝独立城下，呼贼以炮击之。贼发十馀炮不中，坚坐良久，乃还。在瑞州时，亦如是，卒以徇难。殒我壮士，人百莫赎。此则刚毅太过，于好谋而成之道少有违耳。

己未

153. 湘军枪炮散弹制造之法

余初不解造群子①之法，以生铁令铸工铸之，渣滓未融，经药辄散，且多蜂眼，鸣而不能及远。乃与吴坤修竹庄商，用熟铁打造。其法以铁先炼成直条，每条烧红其端，截出半寸，打成圆颗，又烧其端，又打成颗，每颗如蒲萄大。后至江西，商之姚镶，以此法打造。姚君又作为铁模半涡，截铁条之端置模中，宛转锤炼，圆滑可爱，于是及远较多，一里有奇也。今湖南、湖北、江西三省打造群子，均用此法。每炮用百馀颗，多者或三四百颗，喷薄而出，如珠如雨，殆无隙地，当之辄碎。不仁之器莫甚于此矣！然海疆尚未靖谧，此其亟宜讲求者也。

己未

---

① 群子：旧时枪炮所用散弹。

154.历代越敌寨而攻的胜负战例

行军之道，有依次而进者，有越敌人所守之寨而先攻他处者，姑以《通鉴》所纪兵事言之。宋明帝泰始二年，晋安王子勋之乱，袁颛相拒于浓湖，久未决。龙骧将军张兴世建议曰："贼据上游，兵强地胜，我虽持之有馀，而制之不足。若以奇兵潜出其上，因险而壁，见利而动，使其首尾周遑，进退疑阻，中流既梗，粮运自艰，此制贼之奇也。钱溪江岸最狭，去大军不远，下临洄洑，船下必来泊岸。又有横浦可以藏船，千人守险，万夫不能过。冲要之地，莫出于此！"沈攸之、吴喜并赞其策，乃选战士七千、轻舸二百配兴世。兴世率其众，溯流稍上，寻复退归，如是者屡日，贼将刘胡闻之，笑曰："我尚不敢越彼下取扬州，张兴世何人，欲轻据我上？"不为之备。一夕四更值便风，兴世举帆直前，渡湖白，过鹊尾。胡既觉，乃遣其将胡灵秀将兵于东岸，翼之而进。戊戌夕，兴世宿景洪浦，灵秀亦留，兴世潜遣其将黄道标帅七十舸径趋钱溪，立营寨。己亥，兴世引兵进据之，灵秀不能禁。庚子，刘胡自将水步二十六军来攻，钱溪将士欲迎击之。兴世禁之曰："贼来尚远，气盛而矢骤。骤既易尽，盛亦易衰，不如待之。"令将士治城如故。俄而，胡来，转近船，入洄洑。兴世命寿寂之任农夫帅壮士数百击之，众军相继并进，胡收兵而下，兴世遂于钱溪立城。国藩按，是时官军在下游赭圻，袁颛等在上游之浓湖，刘胡等又在上游之鹊尾，更上乃为钱溪。越浓湖、鹊尾两寨而上，立城于钱溪，此险途也。厥后，贼屡攻钱溪不胜，粮运中梗，而鹊尾、浓湖并以溃降，此越寨进攻而得胜者也。

泰始三年，魏尉元上表言："贼向彭城，必由清泗过宿豫，历下邳，趋青州。交由下邳、沂水，经东安，此数者皆为贼用兵之要。今若先定下邳、平宿豫，镇淮扬，戍东安，则青、冀诸州可不攻而克。若四镇不服，青、冀难拔，百姓狼顾，犹怀侥幸之心。臣愚以为宜释青、冀之师，先定东南之地，断刘或北顾之意，绝愚民南望之心。如此则淮北自举，暂劳永逸。"国藩按，宋与魏历世兵争，宋有青州、历城、徐州诸镇远在海岱，与魏接畛，而下邳、宿豫、沂水、东安四城乃在淮南，去魏尚远。魏越青州诸镇，而进攻四城，此险途也。厥后，四城破而青州、历城、徐州诸镇相继没于魏，此越镇进攻而胜者也。

梁简文帝二年，侯景之变。郢州刺史萧方诸以徐文盛军在西阳，不设备。西阳即今黄州。侯景以江夏立虚，使宋子仙任约，帅精骑四百由淮内袭郢州。丙午，大风疾雨，天色晦冥，子仙等入城，方诸迎拜，遂擒鲍泉、虞豫送于景所。景因便风，中江举帆遂越徐文盛等军，直上入江夏，文盛众惧而溃。国藩按，侯景与徐文盛皆在黄州夹江筑垒，乃越徐军而上入江夏，此险途也。而江夏以无备而破，徐军以失势而溃，此越寨进攻而胜者也。

陈文帝天嘉元年，王琳屯西岸之栅口，侯瑱屯东岸之芜湖，相持百馀日，旋均出江外，隔洲而泊。二月丙申，西南风急，琳引兵直趋建康，瑱等徐出芜湖，蹑其后，西南风翻为瑱用。琳掷火炬以烧陈船，皆反烧其船。瑱发拍以击琳舰，又以蒙冲小船击其舰，琳军大败，军士溺死什二三，馀皆弃舟登岸。国藩按，王琳与侯瑱同屯芜湖之上，琳乃越瑱军以直下金陵，此险途也。而瑱军自后蹑之，反为所破，此越寨进攻而败者也。

唐贞观十九年，太宗亲征高丽，既拔辽东盖牟诸城，至安市，将决战。高丽、靺鞨合兵为阵，长四十里。江夏王道宗曰：

"高丽倾国以拒王师，平原之守必弱。愿假臣精兵五千，覆其本根，则数十万之众可不战而降。"上不应。后攻安市，竟不能拔。降将请先攻乌骨城，众议不从，遂自安市班师。国藩按，道宗请越安市而进攻平壤，此虽险途，而实制胜之奇兵也。太宗不从，无攻而返，此不能越攻而失者也。

安史之乱。李泌请命建宁王俶为范阳节度使，并塞北出，与李光弼南北掎角，以取范阳，<small>胡三省注曰：泌欲使建宁自灵夏并丰胜灵朔之塞直捣妫檀，攻范阳之北；光弼自太原取恒定，以攻范阳之南。</small>覆其巢穴。贼退则无所归，留则不获安。然后大军四合而攻之，必成禽矣。上悦，已而不果行。国藩按，是时，大军在扶风，郭子仪在冯翊，李光弼在太原，势宜先取两京。李泌欲先捣范阳贼巢，此亦制胜之奇兵也。事不果行，致史思明为关洛之患，此亦不能越攻而失者也。

元和十二年，淮蔡之役。李祐言于李愬曰："蔡之精兵皆在洄曲及四境拒守，守州城者皆羸老之卒，可以乘虚直抵其城，比贼将闻之，元济已成擒矣。"愬然之。十月辛未，李愬、李祐、李忠义、李进诚军出东行六十里，夜至张柴村，尽杀其戍卒及烽子，据其栅，命士少休，命干糒①整羁靮，留义、成军五百人镇之，以断洄曲及诸道桥梁。复夜引兵出门时，大风雪，旌旗裂。夜半，雪愈甚，行七十里。四鼓，愬至蔡州城下，无一人知者。李祐、李忠义钁其城为坎，以先登。愬入居元济外宅，以槛车送元济诣京师。国藩按，元济精兵尽在洄曲，董重质麾下李愬越之而直入蔡州，此越寨进攻而胜者也。

朱梁均王四年，楚岳州刺史许德勋将水军巡边。夜分，南风暴起，都指挥使王环乘风趋黄州，以绳梯登城，径趋州署，

---

① 糒（bèi）：干饭。

执吴刺史马邺，大掠而还。德勋曰："鄂州将邀我，宜备之。"环曰："我军入黄州，鄂人不知，奄过其城，彼自救不暇，安能邀我？"乃展旗鸣鼓而行，鄂人不敢逼。国藩按，楚之岳州，东北与吴为邻。嘉鱼、陆口等处，吴必立寨设备。乃王环越之而直趋黄州，此越寨进攻而胜者也。

唐同光元年，后唐与朱梁相拒于杨刘、德胜之间。时梁将段凝军临河之南，即澶渊，今开州。王彦章进逼郓州。今东平府。唐臣李绍宏等请弃郓州与梁约合，帝独召郭崇韬问之，对曰："降者皆言大梁无兵，陛下若留兵守魏，固保杨刘，自以精兵长驱入汴，彼城中既空虚，必望风自溃。苟伪主授首，则诸将自降矣。"帝曰："此正合朕志！"冬十月壬申，帝以大军自杨刘济河。癸酉，至郓州。甲戌，围中都城，破之，擒王彦章。帝召诸将问进退之计，诸将请先下东方诸镇城，然后观衅而动。康延孝、李嗣源请亟取大梁。乙亥，帝发郓州、中都。丁丑，至曹州。乙卯，至大梁，灭梁。壬午，段凝将其众五万自滑州济河入援，解甲请降。国藩按，郭崇韬之初议，直取大梁也。时梁将王彦章军在郓州，段凝军在河上，越两寨而进攻，此险途也。厥后，破中都，擒王彦章，而段凝犹在河北。越一寨而进攻，亦险机也。然段凝隔于河北，若自白马南济则阻于大河，若自下游直济则一阻于大河，再阻于新决之护驾水，势难入援。遂得直取汴梁，以成大功，此越寨进攻而胜者也。

以上九事，张兴世之据钱溪，宋子仙之取郓州，许德勋之下黄州，皆水路越攻而胜；王琳之下金陵，以水路越攻而败；尉元之取下邳四城，李愬之入蔡州，郭崇韬之策汴梁，以陆路越攻而得之；李道宗之策平壤，李泌之策范阳，以陆路不越攻而失之。成败得失，固无一定之轨辙也。咸丰四年十月十一日，贼目陈玉成据蕲州，秦日纲据田镇，我舟师越蕲州而直下，十三日攻破田家镇，十四日蕲州之贼亦溃，此越寨进攻而胜者也。十一月，水陆各军会于九江。时贼目林启荣据九江，黄文金据湖口，石达开、罗大纲等同在湖口，我舟师彭玉麟等十六日越九江而下攻湖口，陆军罗泽南等十二月初五日下攻湖口。十二日水师败挫，二十四日陆军亦无利而归，此越寨进攻而败者也。咸丰六年五月初二日，武、汉、黄州未破，杨载福以舟师驶下，直至九江。七年九月二十八日，九江、安庆未破，杨载福以舟师驶下直至旧县，往来如飞，此越寨进攻而胜者也。故知胜败无常，视将才为转移耳。当时越九江而下攻湖口之策，发于国藩，定于罗君罗山、刘君孟容二人①。事败之后，或深咎此策之失，且专归罪于刘君者，非事实也。

---

① 罗山、孟容：罗泽南与刘蓉二人。

康涛 绘

孟母断机教子图

诸葛北伐图

诸葛亮像

曾国藩的二弟曾国潢　　　　　　　曾国藩的三弟曾国华

曾国藩的四弟曾国荃　　　　　　　曾国藩的五弟曾国葆

曾国藩次子曾纪泽

李密像

陈情表

李密出使东吴图（现代摩崖）

第五编 人伦情理记

155. 万化始于闺门

万化始于闺门，除刑于以外无政化，除用贤以外无经济。

壬寅十一月

156. 世家之贵在于自树贤子弟

所贵乎世家者，不在多置良田美宅，亦不在多蓄书籍字画，在乎能自树立子孙，多读书，无骄矜习气。

戊午十月

157. 殇温弟

闻温弟①信，国家事故，忧郁填膺，不能办一事。夜不成寐。

戊午十一月

---

① 温弟：曾国华，与李续宾一同战死于三河之役者。数月不得其尸，后得一无头尸以葬。

念温弟不得归骨，其赋命太苦，余于手足之间，抱愧多矣。

己未正月

九弟所写温甫哀辞，字秀劲近古，刻工亦佳。家有贤子弟，为之欣然！

庚申正月

158. 读二表不动心者必不忠不孝，读沅弟信不动心者必不友

沅弟专二人送信，劝我速移东流、建德，情词恳恻，令人不忍卒读。余复信云"读《出师表》而不动心者，其人必不忠；读《陈情表》而不动心者，其人必不孝；读沅季①此信而不动心者，其人必不友"。遂定于二十四日移营东流，以慰两弟之心。

辛酉四月

159. 怜沅弟太劳，教其虚静养心

沅弟来，久谈。教以胸襟宜淡远，游心虚静之域，独立万物之表。又每日宜读书少许，以扩识见。弟围安庆，前后皆有强寇，人数甚单，地段甚广，昼夜辛勤，事事躬亲，虽酷暑大雨，而每日奔驰往返常五六十里。余怜其太劳，故欲其以虚静养心也。

辛酉八月

---

① 沅季：曾国藩的两个弟弟。沅为曾国荃，季为曾贞干。

160. 念纪泽儿读书勤苦教其超然

纪泽儿体气清瘦，系念殊深。或称其读书太勤，用心太过，因教以游心虚静，虽有荣观宴处超然之义。

癸亥十月

161. 欲禁子弟之骄，自身须先戒骄满

阅张清恪之子张懿敬公师载所辑《课子随笔》，皆节抄古人家训名言。大约兴家之道，不外内外勤俭、兄弟和睦、子弟谦谨等事。败家则反是。夜接周中堂之子文翕谢余致赙仪之信，则别字甚多，字迹恶劣不堪。大抵门客为之，主人全未寓目。闻周少君平日眼孔甚高，口好雌黄，而丧事潦草如此，殊为可叹！盖达官之子弟，听惯高议论，见惯大排场，往往轻慢师长，讥弹人短，所谓骄也。由骄而奢、而淫、而佚，以至于无恶不作，皆从骄字生出之弊。而子弟之骄，又多由于父兄为达官者，得运乘时，幸致显宦，遂自忘其本领之低，学识之陋，自骄自满，以致子弟效其骄而不觉。吾家子侄辈亦多轻慢师长，讥弹人短之恶习。欲求稍有成立，必先力除此习，力戒其骄；欲禁子弟之骄，先戒吾心之自骄自满，愿终身自勉之。因周少君之荒谬不堪，既以面谕纪泽，又详记之于此。

戊辰正月

162. 只望儿孙辈读书代有所成

接沅弟信，知纪官侄于正月初九日申刻生子，欣慰之至。吾兄弟共得五孙，丁口渐盛，只望儿侄辈读书少有所成，将来孙辈看作榜样，便是世家好气象。若儿侄辈不能发奋用功，文理不通，则榜样太坏，将来孙辈断难成立。此中关键，全在纪鸿、纪瑞二人。吾家后辈之兴衰，视此二人为转移也。

戊辰四月

163. 嘱纪泽读理学书志趋刚大

与纪泽一谈，嘱其看理学书，俾志气日趋于刚大，心思日入于沉细。

戊辰七月

164. 澄弟解衣相赠，令兄寸心不安

鸿儿①禀称，澄弟②临别，以火狐马褂送我，盖眉生述杜小舫之言，谓天下之最暖者莫如火狐，胜如紫貂、玄狐云。余曾两次述此言与澄弟听，或弟意疑我畏寒，遂解己所着衣以赠我邪？余本有貂马褂、猞猁马褂，而弟归途少此御寒之具，寸心十分不安。

戊辰十月

---

① 鸿儿：曾纪鸿，曾国藩次子。
② 澄弟：曾国潢，曾国藩二弟。

165. 唯兄弟骨肉至亲最能相谅

接澄、沅两弟信，澄劝送眷回籍，沅拟以晚女许聂家，皆有肫诚顾恤之意。久宦于外，疾病相寻，如舟行海中不得停泊，惟兄弟骨肉至亲能亮之也。

己巳十一月

李白像

杜甫像

邵雍像

周敦颐像

杜甫和苏东坡像

归去来辞　马轼 绘

陶渊明归隐图

白居易像

俞樾像

柳宗元像

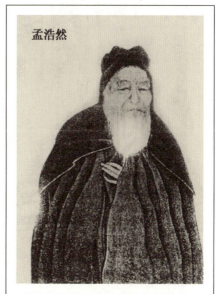

孟浩然像

陆游像

绕屋疏林浓荫绿轩窗都觉清幽
何当携屐一登楼云山烟水隔倚槛
吟眸画裹山村依峻岭岚光远共云
浮半江凉雨入新秋前汀橘影家彷
佛起渔讴　辛亥春日曾国藩

伯寅仁弟大人阁下两接
惠函猥以秋节相庆并以鄙人六旬初度远劳
祓饰
庤贶隆仪拜登敬谢就谂
勤牧辰旆祥綀画馆民鸠农庇
综筹食货之经丹桂碧梧巢
吴殿孙翰之彩厚言

曾国藩书法

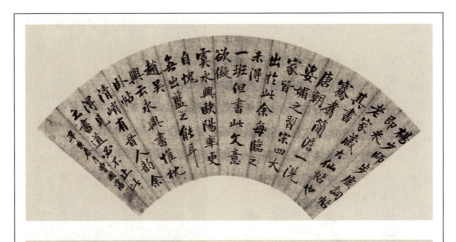

寡慾精神爽，思多血氣衰。
少杯不亂性，忍氣免傷財。
貴向勤中得，富從儉裏來。
溫柔終有益，強暴必招災。
正直真君子，刁唆是禍胎。
暗中休使箭，乖裏帶些呆。
養性須修善，欺心莫噪齋。
衙門戒出入，鄉黨要和諧。
安分身無辱，閒非口莫開。
世人依此語，福樂康哉。
甲辰秋月滌生

曾国藩书法作品

第六编 治学论艺记

166. 读经传笔记类

《易经》有圣人之道四，而朱子专重"以卜筮者尚其占"一句，似未的当。因言古人说经，多断章取义，以意逆志，不必定符本义。

壬戌四月

阅《经义述闻》如"弗过遇之，弗过防之"等字，深有所会。余于本朝经学、小学诸家，独服膺王怀祖先生父子之精核，盖以其于经文之虚神实训，体味曲尽也。

辛酉二月

拟阅校船山《周易内传》，王氏说理之书，每失之艰深而不能轩豁，与正蒙注相同。①

丙寅七月

---

① 船山：即王夫之。曾氏多言及王夫之著述。有时也以谥号称其为王文成。《正蒙注》是他为张载著述为注。

今日看《书经》[1]，见蔡传训诂良多不讲，如以"敷言"为"敷衍之言"之类，宜致汉学家之指摘。

壬子六月

温《召诰》，于古人"周情孔思"四字，若有所会。

庚申十月

温《书经·无逸》，用吴文正公纂言本，若有所会。

乙丑正月

思《书经·吕刑》，于句法若有所会。

己未九月

《吕刑》篇于后世古文家蹊径最近，惜不能尽通其读。

辛酉六月

余好读《吕刑》，而苦不能尽通其读。兹阅戴氏之说，有惬余心者，如"制百姓于刑之中""天齐于民，俾我一日"暨"非从惟从"等句，皆犁然有当于人心，欣赏无已。

辛酉七月

读《顾命》《康王之诰》，喜戴氏治经，与所见多同，惜其生前未与邕谈。

辛酉七月

---

①《书经》：《尚书》。

温《盘庚上》《盘庚中》，因戴存庄两采宋、元及本朝治汉学者之说，每多当人意处，故乐观之。

辛酉七月

邵位西言《诗序》系孟子万章之徒所作，"大序"与"小序"不当分而为二，所以记次第，非所以明章旨也。犹《史》《汉》《法言》之有后序尔。其言奇而颇确。

庚申八月

阅子序《诗经说》，学有根柢，其用意往往得古人深处，特证据太少，恐不足以大鸣于世耳。

戊午十一月

自去年九月廿一日始读《仪礼》，至是粗毕。老年能治此经，虽嫌其晚，犹胜于终不措意者。昔张蒿庵三十而读《仪礼》，至五十九岁而通此经，为国朝有数大儒。余今五十七岁略通此经，稍增炳烛之明。惟蒿庵以前，名儒穷《仪礼》者绝少，能于荆棘荒芜之中独辟康庄，斯为大难。余生本朝经学昌明之后，穷此经者不下数十人，有蒿庵之句读、张皋文之图，康庄共由之道而又有人以扶掖之，则从事甚易矣。

丁卯二月

【注释品札】

读古文之法，只按自己意思一路读去，不可必求其通。例如，求诸于人，莫若求诸于己，若理解为求助于他人，不如求助于自己，虽与孔子本义大相径庭，足成笑柄，但也是一种收获，到读得通时，便又多一种裨益。

167. 评介治经传诸人诸书类

俞樾[1]荫甫所著《群经平议》之十四卷论《考工记》世室、重屋、明堂之制，驳正郑注，思通鬼神，有超乎戴氏《考工记图》者。

丙寅四月

夜又批船山《礼记》二条。余阅此书，本为校对讹字，以便修板再行刷印，乃复查全书，辨论经义者半，校出错讹者半。盖非校雠[2]家之体例，然其中亦微有可存者，若前数年在安庆、金陵时，则反不能如此之精勤。此军营事简，老年差可慰悦之境；而流寇纵横，制敌无术，体衰目昏，学问无成，则又可深为忧灼之境也。

丙寅十月

阅桐城张承华蓉溪所为《学庸臆解》三十四叶，毕。其言《大学》，文须用古本而不烦补，"传义"须宗朱子而不取阳明，与余平日之说相合，馀亦多独得之见。

丙寅十月

孟子所谓"善言德行"者，当为后世理学诸家之源；"善为辞命"者，当为后世词章诸家之源。孔子自谦不能辞命，而以善言德行自许。盖在己者实有盛德至行而后能自道其所得也。

---

① 俞樾（1821—1906）：字荫甫。清著名学者、文学家。
② 校雠：校仇，校者视错如仇如捉贼，故称为"校雠"。

《论语》一书乃善言德行之尤著者，因默诵《学而》《为政》《八佾》三篇。

乙丑五月

朱彬《经传考证》，其训诂考证亦与王伯申先生相仿，其言《书经》"大"字多语助辞，则前人所未发也。

己未五月

阅戴东原"绪言"。阅钱竹汀《声类》，此书未刻于本集，其义例亦不分明。

乙丑正月

钱辛楣先生《声类》一书，分"释诂""释言""释训""释语""释天""释地""名号之异"等目，皆因声得义者，足见古人先有声音，后有文字。余前有意为是书而未果。钱氏此书亦未成之书，故未编入《潜研堂丛书》中。

癸亥正月

陈荔秋所送之陈兰甫澧著《声律通考》一种、《汉书地理志水道图说》一种，略一翻阅，服其精博。

己巳二月

乐律之不可不通，以其与兵事文章相为表里。

辛酉十月

纪泽作《音学考》，约近五千字，于考古及审音二者均有所得，为之一慰。

己巳八月

泽儿呈所著《分韵说文解字》，略一翻阅。其法用《广韵》之次第，《佩文韵》之字数，抄录许氏注及大徐翻切。其有申明原注之说，则以夹行注之；其于注外别有陈说，则于翻切之下夹圈以别异之；其《佩文韵》所有《说文》所无者，则有楷文而无篆文，仍用篇韵各说以注之；其《佩文韵》所无《说文》所有者，则别为补编，仍依翻切，以分东、冬、钟、江各韵。

丁卯十一月 以上经

168. 读子史笔记类

读《五代史》，于"欧公不伪梁"一段，不谓为然。

辛未

阅周保绪所著《晋略》，赵惠甫所寄来者。周名济，荆溪人。书成于道光十八年，亦近世著作才也。

辛未五月

诸子中惟老、庄、荀子、孙子自成一家之言，馀皆不免于剽袭。

庚申

王怀祖先生《读书杂志》所校《管子》各条，似不如校他书之精实。

辛酉七月

读《淮南子·精神训》，至"大禹竭力以劳万民"句，若有所感。

庚申十一月

读《修务训》中"功可强成，名可强立"，若有所会。《淮南子》本道家者流，而此篇之旨，与《荀子》相近，大抵理之足以见极者，百家未尝不相合也。

庚申十二月

阅《淮南子·俶真训》，言有道之士亦须遇时，为之增感。

庚申十二月

扬子《法言》究不如文中子之平实，盖子云①文学中人，非道德中人也。

船山氏最推重《正蒙》一书，以余观之，亦艰深而不能显豁。其参两篇，言天地日月五行之理数，尤多障碍。

丙寅六月　以上子史

【注释品札】

淮南子三训：大禹竭力而劳万民，有如一将功成万骨枯，枯者万众而名归一人；成功名以强，人力与手段都所用其极；智能者成功名，也须遇时势方能得逞其志，亦须遇人赏识相助。

169. 评介理学、随笔诸书类

《正谊堂丛书》凡五十六种，张清恪辑刻，吴竹庄所赠

---

① 子云：汉代扬雄，字子云。

也。因取《正谊堂》中清恪公所辑《程子》二十篇读之，至晡时读毕。凡十卷，取《论语》二十篇之意，编采二程粹言，略分门类，颇为精当。

壬戌四月

张清恪公所辑《朱子》七篇，每篇各分上下，仿《孟子》七篇之意。张公盖以程配孔，以朱配孟也。

壬戌四月

读张文端公《聪训斋语》、文和公《澄怀园语》，此老父子，学问亦以知命为第一义。

己未四月

阅罗罗山①《人极衍义》《姚江学辨》等书，服其见理甚真，所志甚大，信为吾乡豪杰之士。

甲子十月

锺涵斋《迩言》盖理学之绪馀，而参以阴骘果报者。

庚午正月

《圣武记》②又阅一遍毕。中有嘉庆川、湖、陕靖寇记八篇未阅，以昔年在京阅过，嫌此八篇叙事冗乱也。

丁卯十二月

---

① 罗罗山：罗泽南，湖湘名师，湘军创始人之一，后战死军中。
②《圣武记》：清魏源撰。述清初以来历次用兵成败之道，以及各项军事制度等。

阅曾香墅先生《漫钞》及各种。香墅名廷枚，宾谷之伯父也。其书仿《困学纪闻》《容斋随笔》之类，特根柢不深耳。

戊午十一月

莫子偲交出何愿船二信，内有张石洲《蒙古游牧记》四本，又《朔方备乘·凡例》数页，信为当世积学之士。

辛酉七月

170. 作文：论古文之道法类

古文之道，谋篇布势是一段最大工夫。《书经》《左传》每一篇空处较多，实处较少；旁面较多，正面较少。精神注于眉宇目光，不可周身皆眉，到处皆目也。线索要如蛛丝马迹，丝不可过粗，迹不可太密也。

己未八月

古人文笔有云属、波委、官止、神行之象，实从熟后生出。所谓"文入妙来无过熟"者，此也。

庚申九月

古文之道，布局须有千岩万壑、重峦复嶂之观，不可一览而尽，又不可杂乱无纪。

庚申十月

古文之道，亦须有奇横之趣，自然之致。二者并进，乃为成体之文。

辛酉七月

古文之法，全在气字上用功夫。

辛酉十一月

为文全在气盛，欲气盛全在段落清，每段分束之际，似断不断，似咽非咽，似吞非吞，似吐非吐，古人无限妙境，难于领取；每段张起之际，似承非承，似提非提，似突非突，似纡非纡，古人无限妙用，亦难领取。

辛亥七月

奇辞大句，须得瑰玮飞腾之气驱之以行，凡堆重处皆化为空虚，乃能为大篇，所谓气力有馀于文之外也。否则气不能举其体矣。

辛亥七月

吾尝取姚姬传[1]先生之说，文章之道，分阳刚之美、阴柔之美。大抵阳刚者，气势浩瀚；阴柔者，韵味深美。浩瀚者，喷薄而出之；深美者，吞吐而出之。就吾所分十一类言之，论著类、词赋类宜喷薄，序跋类宜吞吐，奏议类、哀祭类宜喷薄，诏令类、书牍类宜吞吐，传志类、叙记类宜喷薄，典志类、杂记类宜吞吐。其一类中微有区别者，如哀祭类虽宜喷薄，而祭郊社祖宗则宜吞吐，诏令类虽宜吞吐，而檄文则宜喷薄，书牍类虽宜吞吐，而论事则宜喷薄。此外各类，皆可以是意推之。

庚申三月

---

[1] 姚姬传：名鼐。清著名散文家。官至刑部郎中，记名御史。治学以经为主，兼及子史、诗文。著有《九经说》等。

《类纂》所选书牍，有不尽厌于吾心者。未知古人书牍，何者最善？

辛亥

古文中，惟书牍一门竟鲜佳者。八家中，韩公差胜，然亦非书简正宗。此外，则竟无可采。诸葛武侯、王右军两公书翰，风神高远，最惬吾意。然患太少，且乏大篇，皆小简耳。

庚申三月

阅《骈体文钞》，将其所分类归并于吾所分三门十一类之中，嫌其繁碎，不合古义也。

庚申三月

余所编《经史百家杂钞》，编成后，有文八百篇上下，未免太多，不足备简练揣摩之用。宜另抄小册，选文五十首抄之，朝夕讽诵，庶为守约之道。

庚申闰三月

往年余思古文有八字诀，曰雄、直、怪、丽、淡、远、茹、雅。近于茹字似更有所得。而音响、节奏，须一"和"字为主，因将"淡"字改作"和"字。

庚申

文章阳刚之美，莫要于"慎""涌""直""怪"四字，阴柔之美，莫要于"忧""茹""远""洁"四字。惜余知其意，而不能竟其学。

癸亥九月

尝慕古文境之美者，约有八言：阳刚之美曰雄、直、怪、丽，阴柔之美曰茹、远、洁、适。蓄之数年，而余未能发为文章，略得八美之一以副斯志。是夜，将此八言者各作十六字赞之，至次日辰刻作毕。附录如左：

乙丑正月

雄：划然轩昂，尽弃故常；跌宕顿挫，扪之有芒。

直：黄河千曲，其体仍直；山势如龙，转换无迹。

怪：奇趣横生，人骇鬼眩；《易》《玄》《山》《经》，张韩互见。

丽：青春大泽，万卉初葩；《诗》《骚》之韵，班扬之华。

茹：众义辐凑，吞多吐少；幽独咀含，不求共晓。

远：九天俯视，下界聚蚊；寤寐周孔，落落寡群。

洁：冗意陈言，类字尽芟；慎尔褒贬，神人共监。

适：心境两闲，无营无待；柳记欧跋，得大自在。

偶思古文、古诗，最可学者，占八句云：《诗》之节，《书》之括，《孟》之烈，韩之越，马之咽，庄之跌，陶之洁，杜之拙。

丙寅正月

【注释品札】

作文"三要"：其一，谋篇布局要空多实少、旁多正少，不可明，不可乱；其二，点睛之笔也不可周身为目；其三，蛛丝不可过粗，马迹不可过密。三要归一，当为一个"寓"字。而"熟"能生巧亦为至语。

171. 作文：读古诗文心得笔记类

《离骚》三百二十四句诵毕。老年读生书成诵，稍补少壮之缺陷，亦一乐也。

丁卯三月

《九章·惜往日》似伪作，当著论辩之。

戊午十一月

邹阳《狱中上梁王书》千古传诵，余究不知其深处。太史公以邹阳与鲁仲连并列，余亦不知其所以相合之处。

辛亥五月

夜温《长杨赋》，于古人行文之气似有所得。

己未九月

舆中读《上林赋》千馀言，略能成诵。少时所深以为难者，老年乃颇能之，非聪明进于昔时，乃由稍知其节奏气势与用意之所在，故略记之。

丁卯正月

余近年最好扬、马、班、张之赋，未能回环朗诵，偶一诵读，如逢故人，易于熟洽。但衰年读书，未必能久记耳。

二月

汉魏人作赋，一贵训诂精确，一贵声调铿锵。

庚申四月

古文之道与骈体相通。由徐、庾而进于任、沈，由任、沈而进于潘、陆，由潘、陆而进于左思，由左思而进于班、张，由班、张而进于卿云，韩退之之文比卿云更高一格。解学韩文，则可窥六经之阃奥矣。

庚申三月

二日内，始悟昌黎诸文皆学《书经》。

辛亥九月

二日内，因读辛、刘词，又大悟韩文之妙，实从子云、相如得来。

壬子

二日内，觉于古文大有所得，乃悟韩文实从扬、马得来，而参以孔、孟之义理，所以雄视千古。

壬子正月

韩文《柳州罗池庙碑》，觉情韵不匮，声调铿锵，乃文章中第一妙境。情以生文，文亦以生情；文以引声，声亦足以引文，循环互发，油然不能自已，庶渐渐可入佳境。

己未九月

阅韩文《送高闲上人》。所谓机应于心，不挫于物，姚氏以为韩公自道作文之旨。余谓机应于心，熟极之候也，《庄子·养生主》之说也。不挫于物，自慊之候也，《孟子》"养气章"之说也。不挫于物者，体也、道也、本也，机应于心者，用也、技也、末也。韩子之于文，技也进乎道矣。

庚申十月

读《原毁》《伯夷颂》《获麟解》《龙杂说》诸首，岸然想见古人独立千古，确乎不拔之象。

壬戌九月

韩公"周""情""孔""思"四字，非李汉知之极深，焉能道得出！为文者要须窥得此四字，乃为知本。

辛酉二月

韩文志传中有两篇相配偶者，如曹成王、韩宏两篇为偶，柳子厚、郑群两篇为偶，张署、张彻两篇为偶，推此而全集中可以为偶者甚多。古人之文，可为偶者甚多，惜不能一一称量而配合之耳。

癸亥十月

温韩文数篇，若有所得。古人之不可及，全在行气，如列子之御风，不在义理字句间也。

癸亥十一月

柳子厚山水记，似有得于陶渊明冲淡之趣，文境最高，不易及。

庚申八月

夜阅《古赋识小录》，深有味于柳子厚之《囚山篇》。

戊午十月

姚公谓苏氏学《庄子·外篇》之文，实则恢诡处不逮远甚。

辛酉三月

苏子由谓东坡晚年以文章为鼓吹，真知文章中之乐境。余亦微知之，惜无宽闲岁月竟其所学耳。

辛酉正月

读震川文数首，所谓风尘中读之，一似嚼冰雪者，信为清洁，而波澜意度，犹嫌不足以发挥奇趣。

己未六月

阅震川古文，遂并翻其四书文阅之。其浑灏流转之气，乃更胜于古文也。

辛未五月

172. 作文：评同代文人见识文才、诗文著述类

阅《汤文正集》，惟传状、碑铭之类不惬吾意，馀如语录、告谕、书牍之属，皆有诚意，挟正气以行，学问本极渊博，讲学又甚公允，不可及也。

己巳三月

程伯旉出示洪稚存《上成亲王书》，即嘉庆己未获咎发遣新疆者。当时直声震于天下，今观之亦无甚触忌讳之处。

正月

阅《梅伯言①文集》，叹其钻研之久、工力之深。

壬戌九月

---

① 梅伯言：名曾亮。清代学者，官至户部郎中。

至钱警石先生久谈，得见其族兄衎石先生家书数十封，携归一阅，实嘉道间一硕儒也。

癸亥九月

阅钱衎石先生与其弟警石先生家信，服其学问精博，机趣洋溢。

癸亥九月

阅陈秋舫、吴伟卿所作应制赋，气势流利，古不乖时，今不同弊，心赏其能，而自愧弗如也。

癸卯三月

《吴竹如文集》，方存之代为编出者，计十二卷。粗阅数十页，于儒、释、朱、陆之辨剖晰最精。

戊辰七月

阅吴南屏《柈湖文录》数十首，叹其少而能文，老而不倦，为不可及。

辛未六月

左季高信内寄祭胡润帅文稿一篇，情文并茂，殊为杰构。

辛酉十月

冯敬亭，名桂芬，寄校《邠庐初稿》二册，共"议"四十二篇。粗读数十篇，虽多难见之施行，然自是名儒之论。

壬戌九月

窦兰泉近作辨论十馀首，多阅历之言，而文义未能入古。

甲子

与次青论古文之法，次青天分高，成就当未可量。

己未六月

蒋琦龄所陈时政十二事，约计万馀言，多可见之施行，文笔亦雅健畅达，末条请崇宋学而抑汉学，似与各条不类。

壬戌

申甫在此罄谈，言渠文笔所以不甚罄者，为在己之禁令太多，难于下笔耳。余劝其破除禁令，一以条畅为主。凡办事者先贵敷陈朗畅也。

己未十一月

刘霞仙所作辨蔡寿祺诬劾一疏，置身甚高，辞旨深厚，真名作也。

乙丑五月

阅邸抄中见霞仙以本年复奏一疏降调[①]，如此名奏议而反以获谴，颇不可解。

乙丑八月

张廉卿文有王介甫之风，日进不已，可畏可爱。

庚申四月

---

① 降调：被降职。

阅张廉卿近所为古文，喜其入古甚深，因为加圈批。

戊辰七月

石芸斋所作《房山石经山访碑记》，亦伟观也。

庚午二月

【注释品札】

为文之道不外有三。厚积而薄发，挥笔自有如泉涌之词；熟能生巧，三日不写手生；得为文之道思，如裁衣烹饪之高手。为文无非多读、勤写、善思。亦自须天赋与学养相得益彰，缺一不可。尤其为文之时须心静、人静。而一日不学，一日不写，则如水之失源而流断。如此似可知何为江淹才尽。

173. 作文：自述古文情结类

思白香山、陆放翁之襟怀澹宕，殊不可及。古文家胸怀虽淡泊，而笔下难于写出。思一为之，以写淡定之怀，古所谓一卷冰雪文者也。

己未六月

古文一事，平日自觉颇有心得。而握管之时，不克殚精极思，作成总不称意。安得屏去万事，酣睡旬日，神完意适，然后作文一首，以摅胸中奇趣。

己未十一月

余于古文一道，十分已得六七，而不能竭智毕力于此，匪特世务相扰，时有未闲，亦实志有未专也。此后精力虽衰，官事虽烦，仍当笃志斯文，以卒吾业。

辛酉正月

久不作文，机轴甚生，心思迟钝，尚不能成篇。亦因见客太多，琐事烦渎，神智昏搅故也。

乙丑二月

昔年每作一文，辄数日不能成寐，不知老年何以转无此病，岂反健于壮岁耶？抑用心未能锐入耶？

乙丑三月

念生平稍致力于古文，思欲有所述作。今老惫而一无所成，深用自愧。

丙寅三月

与儿子一论所作之文，考据与笔力两无可取。

庚午二月

每一作文，未下笔之先，若有佳境；既下笔，则无一是处。由于平日用功浮泛，全无实际故耳。

辛未五月

作《孙芝房刍论序》一首，约九百字，至三更始毕。老年作文颇觉吃力，而机势全不凑泊，总由少作太生之故耳。

己未六月

作《莫犹人墓表》，文笔平衍，无复昔年傲岸劲折之气，盖老境日增耳。

己未十一月

思作《金陵官绅昭忠祠碑》而不能成，遂竟日昏睡，如醉如痴。向来习态如此，而数十年因循不肯苦学作文，至今已衰老，悔无及矣。

己巳五月

作《苗君墓志铭》毕，细阅竟无一字是处。昔余终年不动笔作文，而自度能知古人之堂奥，以为将来为之，必有可观。不料今年试作数首，乃无一合于古人义法，愧赧何极。

己巳八月

作《唐公墓志》，复视无一是处。乃知昔年自诡为知文，而曾不一动笔为之，不可恃也。天下事知得十分，不如行得七分，非阅历何由大明哉。

己巳十月

郭婿铭辞作毕，全不合古人义法，深以为愧。

庚午正月

思作《江宁府学宫记》，苦探力索，竟不能成一字，因属衰惫之象，亦由昔年本无实学，故枯竭至此，深为叹愧。

庚午二月

作《星冈公墓表》，文成视之，无一当意之处甚矣。余思之钝，学之浅，而精力之衰也。余前有信寄筠仙，云：近世达官无如余之荒陋者。顷筠仙信力雪此语之诬。余自知甚明，岂有诬乎？

辛未八月

纪泽所作《拟庄》三首，颇能善谈名理，亦略通训诂奇字之学。

壬戌五月 以上论文

174. 作诗：评品诸家古诗类

余昔年抄古文，分气势、识度、情韵、趣味为四属，拟再抄古近体诗，亦分为四属，而别增一机神之属。机者，无心遇之，偶然触之。姚惜抱谓文王、周公"系易""象辞""爻辞"，其取象亦偶触于其机。假令《易》一日而为之，其机之所触少变，则其辞之取象亦少异矣。余尝叹为知言。神者，人功与天机相凑泊，如卜筮之有繇辞，如《左传》诸史之有童谣，如佛书之有偈①语，其义在可解不可解之间。古人有所托讽，如阮嗣宗之类，故作神语，以乱其辞。唐人如太白之豪，少陵之雄，龙标之逸，昌谷之奇，及元、白、张、王之乐府，亦往往多神到、机到之语。即宋世名家之诗，亦皆人巧极而天工错，径路绝而风云通。盖必可与言机，可与言神，而后极诗之能事。余抄诗拟增此一种，与古文微有异同。

戊辰四月

是日思诗既选十八家矣，古文当选百篇抄置案头，以为揣

---

① 偈（jì）：佛经中的短诗。

摩。因自为之记曰：为政十四门，为学十五书，抄文一百首，抄诗十八家。

壬子正月

余既抄选十八家之诗，虽存他乐不请之怀，未免足己自封之陋。乃近日意思尤为简约，五古拟专读陶潜、谢朓两家，七古拟专读韩愈、苏轼两家，五律专读杜甫，七律专读黄庭坚，七绝专读陆游。以一二家为主，而他家则参观互证，庶几用志不纷。然老境侵寻，亦只能长吟以自娱，不能抗手以入古矣。

壬戌三月

五言古诗有二种最高之境：一种比兴之体，始终不说出正意，始知《硕人》但颂庄姜之美盛，而无子兆乱已在言外，《大叔于田》但夸叔段之雄武，而耦国兆乱已在言外，曹、阮、陈、张、李、杜往往有之。一种盛气喷薄而出，跌荡淋漓，曲折如意，不复知为有韵之文，曹、鲍、杜、韩往往有之。余解此二境，而曾未一作此等诗，自愧亦自憾也。

甲子二月

夜阅陶公《述酒》诗，为南宋鄱阳汤文清公汉所注，于陶公瘦词微旨尽得解释，欣悦无已。

丙寅三月

阅陶诗全部，取其太闲适者记出，将抄一册，合之杜、韦、白、苏、陆五家之闲适诗纂成一集，以备朝夕讽诵，洗涤名利争胜之心。

辛未十二月

阅《文选·杂拟》。古人措词之深秀，实非唐以后人所可及。特气有骞翥骏迈者，亦有不尽然者，或不免为词所累耳。若以颜、谢、鲍、谢之辞而运之以子云、退之之气，岂不更可贵哉！

辛酉十二月

批校《太白乐府》，每日仅校二十首或十馀首。盖余于乐府向未用功，兹稍一措意，全无入处也。

戊辰四月

日来读杜诗，颇有小得。无事则心头口头不离杜诗，虽细加咀嚼，而究有为人的意思。

癸卯二月

杜诗、韩文所以能百世不朽者，彼自有知言、养气工夫。惟其知言，故常有一二见道语，谈及时事，亦甚识当世要务。惟其养气，故无纤薄之响。

癸卯二月

温杜诗五古，观其笔陈绅缩吐茹之际，绝似《史记》。忆古人有谓杜少陵似太史公者，不记是东坡之言乎？抑他人之言乎？

己巳四月

阅杜诗五古。古人妙处，只是造句之法变幻无穷，故终身无一复句，犹之《毛诗》无相袭之调也。昔尝以作古文宜用杜诗造句之法，近来久未温习及此矣。

己巳十月

温杜诗五古，爱其句法瘦劲，变化通于古文造句之法。憾吾能知之，而手不能为之耳。

庚午正月

夜诵杜、韩七古颇多，似有会于古人沉郁顿挫之义。

丙寅四月

阅《白香山集》。因近日胸襟郁结不开，故思以陶、白、苏、陆之诗及张文端公之言解之也。

己巳五月

车中看义山诗，似有所得。夜翻《樊川集》证之，亦然，知何大复《明月篇》之有心得也。

癸卯正月

与李眉生谈诗，极佩杜牧之俊伟。

壬戌

日内于苏诗似有新得，领其冲淡之趣，洒落之机。

辛酉六月

温苏诗，朗诵颇久，有声出金石之乐。因思古人文章，所以与天地不敝者，实赖气以昌之，声以永之，故读书不能求之声气二者之间，徒糟粕耳。

辛酉十二月

放翁七言绝句，实能道得空旷胸怀出。

辛酉正月

将《祁文端公诗集》阅二三卷。昔年深不以公诗为然，兹多阅数十百首，其中多可取者。

己巳三月

175.作诗：评当时诗作、诗友类

朱伯韩诗所诣在韩、白之间。

甲辰十月

至易念园处，观渠所为诗，宗法晚唐，颇有法度。予性好言诗，蕙西谓余于诗太自主张，不免自是。细思良然。

吴南屏寄毛西垣诗，翻读一过，信为朋辈中所不可多得，宜南屏之亟称之也。

辛酉三月

何廉舫信附七律十六章，才人之笔，人人叹之不置。

己未

作七律五首，和何廉舫诗，次韵。同和者为李次青、吴子序、甘子大、许仙屏等数人，而王霞轩、邓弥之、何敬海等亦将和之。余因见廉舫诗才轩举，所著骈文、乐府皆有可观。悯其阖家殉节，因欲和诗一二章，以慰劳之，本无意次韵也。子序、次青诸君皆次其韵，余亦遂勉为之。

己未正月

阅冯焞诗稿。焞，代州人，字稚华。其七世祖如京官广东左布政使，六世祖壅以进士官至同知，五世祖光裕以举人官至湖南巡抚，四世祖祁官编修，曾祖均弼以举人荫生，官至湖北按察使，祖寇以举人官浙江知县。焞为潜山县天堂巡检，又署屯溪巡检。刻诗四卷，清稳不俗。昨和余诗八首，今日问之程伯夔，始知其人。因取其诗披阅数十首，兼阅其曾祖及祖刻诗，乃知其世家渊源有自也。

壬戌四月

观李眉生诗，爱其俊拔而有情韵，将来必为诗人。纪泽前后作次筦字韵诗二首，韵稳而脉清，吐属亦尚名贵，将来或亦为诗人，殊以为慰。

戊辰四月

赵惠甫近作《书怀》五章，又录旧作词十调，见示，皆才人之笔也。

丁卯七月

海秋言七律须讲究藻采声调，不可专言上乘证果，反昧初开。切中予病。又盛赞予五律。

癸卯二月

昔年每作一诗，辄不能睡，后遂阁笔不复为诗。今试一为之，又不成寐，岂果体弱不耐苦吟耶？抑机轴太生，成之艰辛耶？

甲子八月 以上论诗

176. 作字：论书道技法类

作字之法，绵绵如蚕之吐丝，穆穆如玉之成璧。

庚申三月

作字之道，用笔贵勒贵努，而不可过露勒努之迹；精心运之，出以和柔之力，斯善于用勒用努者。

庚申十月

写字之道，如修脚匠之修脚。古人所谓"拨灯法"，较空灵，余所谓"修脚法"，较平稳。

庚申十二月

凡用之笔，未有十分合手者，往往有小毛病，不称人意。善书者，于每用一笔，先识其病，即因其病势而用之。或笔之病次日又有小变，又因其变症而用之。或者因病成妍，则善于用笔矣。

辛酉五月

用狼笔写新宣纸，悟古人顿挫之法、扑笔之法，只是笔不入纸，使劲扑下耳。

辛酉十月

京中翰林善写白折者，相传中有一丝牵贯于行间，作大字亦当知此意味。

辛酉十月

作书之道，寓沉雄于静穆之中，乃有深味。"雄"字，须有长剑快戟，龙挐虎踞之象，锋芒森森，不可逼视者为正宗；不得以"剑拔弩张"四字相鄙，作一种乡愿①字，名为含蓄深厚，非之无举，刺之无刺，终身无入处也。作古文、古诗亦然，作人之道亦然，治军亦然。

辛酉十二月

摹书谱一过，乃知艺之精，其致力全在微妙处。若人人共见、共闻之处，必无通微合莫之诣。若一向在浮名时誉上措意，岂有是处！

辛酉六月

作字之道：点如珠，画如玉，体如鹰，势如龙，四者缺一不可。体者，一字之结构也；势者，数字数行之机势也。

辛酉七月

大抵作字及作诗古文，胸中须有一段奇气盘结于中，而达之笔墨者却须遏抑掩蔽，不令过露，乃为深至。若存丝毫求知见好之心，洗涤净尽，乃有合处。故曰七均师无声，五和常主淡也。

辛酉九月

读李太白、杜子美各大篇，悟作书之道亦须先有惊心动魄之处，乃能渐入证果。若一向由灵妙处着意，终不免描头画角

---

① 乡愿：孔孟所称之乡原者，即圆滑不露、心口不一，处处取悦于人，得人欢心而心怀不德不仁不义之人。

伎俩。

壬戌四月

作字之道，全以笔阵为主，直以取势，横以出力，当少胜矣。

壬戌二月

读《孙子》"鸷鸟之疾，至于毁折者，节也"句，悟作字之法，亦有所谓节者，无势则节不紧，无节则势不长。

壬戌七月

出笔宜颠腹互用，取势宜正斜并见。用笔之颠，则取正势，有破空而下之势；用笔之腹，则取斜势，有骪①属蹁跹之象。

甲子十二月

夜写零字颇多，略有所会。于昔年"体如鹰"四句之外又添四句，曰："点如珠，画如玉；体如鹰，势如龙；内跌宕，外拙直；鹅转颈，屋漏痕。"

丙寅三月

古来诗家、文家、书家皆有所谓笔阵者，厚蓄于阵之初，而不必究极于阵之终，阵将醑时又已另作变态矣。

丁卯十月

---

① 骪（wěi）：有二义。其一本谓骨弯曲，引申为枉曲；其二纡回屈曲貌。

【注释品札】

书法如修身做人。绵绵者为柔，为不绝于缕；穆穆者为庄，为洁光如玉琢为璧。勾勒太重人何以堪？努出太露锋芒，必有败笔；绵穆为柔温之道，勒努为柔中有刚，刚藏于柔。修脚须刀刀稳慎不失毫厘，拨灯当点到为止，以亮为旨。至于对症下药、变病为美；则非真大手笔不能之境。

177. 作字：评古代书法名家风格类

作书思偃笔多用之于横，抽笔多用之于竖。竖法宜努、抽并用，横法宜勒、偃并用。又首贵有俊拔之气，后贵有自然之势。

大约书法不外羲、献父子。余以师羲不可遽几，则先师欧阳信本；欧阳不可遽几，则先师李北海。师献不可遽几，则先师虞永兴；师虞不可遽几，则先师黄山谷。二路并进，必有合处。杜陵言"书贵瘦硬"，乃千古不刊之论，东坡驳之，非也。

辛酉四月

阅《皇甫碑》，识得欧字意思，知颜、柳之硬，褚、欧之瘦。学书者不可不领略也。

己亥五月

因写零字，偶有所得。知欧、虞用笔与褚相通之故。书家之有欧、虞、褚及李北海，犹诗家之有李、杜、韩、苏，实不祧之祖也。

丁卯十月

悟北海上取直势，下取横势，左取直势，右取横势之法。大约直势本于秦篆，横势本于汉隶；直势盛于右军暨东晋诸帖，横势盛于三魏诸碑。唐初欧公用直势，褚公用横势，李公则兼用二势。

　　　　　　　　　　　　　　　　　丙寅四月

孙过庭《书谱》稍得王大令之法。

　　　　　　　　　　　　　　　　　辛酉十月

余往岁好黄鲁直书，深得晋人真意。而逸趣横生，当更致力。

作书之法，刘石庵善用偃笔，郑板桥善用蹲笔，王梦楼善用缩笔，惟努笔近人无善用者，古人惟米元章最擅胜场。吾当于此自极其思耳。

　　　　　　　　　　　　　　　　　辛酉正月

董香光专用渴笔，以极其纵横使转之力，但少雄直之气。余当以渴笔写吾雄直之气耳。

　　　　　　　　　　　　　　　　　辛酉二月

作书之法，古人师欧、李、刘、黄，今人师邓、郑、刘、王。

　　　　　　　　　　　　　　　　　壬戌九月

作字之法，亦有所谓阳德之美，阴德之美。余所得之意象为"阳德之美"者四端：曰直，曰献，曰勒，曰努；为"阴德之美"者四端：曰觚，曰偃，曰绵，曰远。兼此八者，庶几其为成体之书。在我者以八德自勖，又于古今人中择八家以为法，曰欧、虞、李、黄、邓、刘、郑、王。

壬戌十一月

作字之道，二者并进，有着力而取险劲之势，有不着力而得自然之味。着力如昌黎之文，不着力如渊明之诗；着力则右军所称如锥画沙也，不着力则右军所称如印印泥也。二者缺一不可，亦犹文家所谓阳刚之美、阴柔之美矣。

甲子五月

阅刘石庵①《清爱堂帖》，其起笔多师晋贤及智永《千字文》。用逆蹴之法，故能藏锋。张得天之笔，多师褚、颜两家，用直来横受之法，故不藏锋。而联丝萦带，以发其机趣。二者其理本一贯，特逆蹴与直来横受，形迹判然，难合而为一耳。

辛酉六月

看刘文清公《清爱堂帖》，略得其自然之趣，方悟文人技艺佳境有二：曰雄奇，曰淡远。作文然，作诗然，作字亦然。若能含雄奇于淡远之中，尤为可贵。

辛酉六月

梦刘文清公，与之周旋良久，说话甚多，都不记忆。惟记问其作家果用纯羊毫乎？抑用纯紫毫乎？文清答以某年到某处道员之任，曾好写某店水笔。梦中记其店名甚确，醒后亦忘

---

① 刘石庵：名刘墉，字崇如，清乾隆年间先后任陕甘总督、湖南巡抚、兵部尚书。精于书道。

之矣。

戊辰

作字之法，"险"字、"和"字，二者缺一不可。本日阅王箬林《誊语》，亦于此二字三致意焉。

辛酉二月

偶思作字之法可为师资者，作二语云：时贤一石两水，古法二祖六宗。一石谓刘石庵，两水谓李春湖、程春海；二祖谓羲、献，六宗谓欧、虞、褚、李、柳、黄也。

丁卯十一月

178. 作字：曾国藩学书自白类

日内颇好写字，而年老手钝，毫无长进，故知此事须于三十岁前写定规模。自三十岁以后只能下一熟字工夫，熟极则巧妙出焉。笔意间架，梓匠之规矩也。由熟而得妙，则不能与人之巧也。吾于三四十岁时，规矩未定，故不能有所成。人有恒言，曰"妙来无过熟"，又曰"熟能生巧"，又曰"成熟"，故知妙也、巧也、成也，皆从极熟之后得之者也。不特写字皆然，凡天下庶事百技，皆先立定规模，后求精熟。即人之所以为圣人，亦系先立规模，后求精熟。即颜渊未达一间，亦只是欠熟耳。故曰：夫仁亦在乎熟之而已矣。

己未四月

观何廉舫书扇头小字，偶觉权奇，自成风格。余年已五十，而作书无一定之风格，屡有迁变，殊为可愧。古文一事，寸心颇有一定之风格，而作之太少，不足以自证自慰。至于居家之道，治军之法，与人酬应之方，亦皆无一定之风格。《传》曰："君子也者，人之成名也。"又曰："君子成德之称。"余一无所成，其不足为君子也，明矣。

己未四月

余近日常写大字，微有长进，而不甚贯气，盖缘结体之际不能字字一律。如或上松下紧，下松上紧，或左大右小，右大左小。均须始终一律，乃成体段。余字取势，本系左大右小，而不能一律，故恒无所成。推之作古文辞，亦自有体势，须篇篇一律，乃为成家。做人立品，亦自有体势，须日日一律，乃为成德。否则载沉载浮，终无所成矣。

己未六月

余坐三十以前作字未能尽心，间架不稳，手腕不稳。四十以后虽略有长进，而手腕时灵时钝，钝时则如古人所谓姜芽、冻痴蝇者，可自笑也。

辛酉正月

日内于作字之道，若有所会。惜精神疲乏，目光眵花，老境日臻，不克竟其所学。古人所以贵，及时力学也。

辛酉正月

余往年在京深以学书为意，苦思力索，几于困心衡虑，但胸中有字，手下无字。近岁在军，不甚思索，但每日笔不停挥，除写字及办公事外，尚习字一张，不甚间断，专从间架上用心，而笔意笔力与之俱进，十年前胸中之字，今竟能达之腕下，可见思与学不可偏废。

辛酉二月

作字之道，刚健、婀娜二者缺一不可。余既奉欧阳率更、李北海、黄山谷三家以为刚健之宗，又当参以褚河南、董思白婀娜之致，庶为成体之书。

辛酉十月

余老年始略解书法，而无一定规矩、态度，仍归于一无所成。今定以间架师欧阳率更，而辅之以李北海，丰神师虞永兴，而辅之以黄山谷，用墨之松秀，师徐季海所书之《朱巨川告身》，而辅之以赵子昂《天冠山》诸种，庶乎其为成体之书。

辛酉四月

用狼毫笔写寸以外字，足以发摅心中迈往之气，为之神怡。

辛酉

久未作小楷，下笔辄重而不入。是日笔轻稍能入纸，乃悟输扁、甘苦、疾徐之说。

辛酉六月

日内作书，常有长进，盖以每日不间断之故。

辛酉十一月

古之书家，字里行间别有一种意态，如美人之眉目可画者也，其精神意态不可画者也。意态超人者，古人谓之韵胜。余近年于书略有长进，以后当更于意态上着些体验工夫，因为四语，曰觚属鹰视，拨镫嚼绒，欲落不落，欲行不行。

癸亥九月

近来作书略有长进，但少萧然物外之致，不能得古人风韵耳。

甲子五月

余作字不专师一家，终无所成，定以后楷书学虞、刘、李、王，取横势、以求自然之致，利在稍肥；行书学张、欧、黄、郑，取直势，以尽睥视之态，利在稍瘦。二者兼营并进，庶有归于一条鞭之时。

丙寅八月

日内作字，手甚吃力，拟用"趺敧注卷"四字诀为之，用力轻匀，或转可历久不变。

丙寅十月

余近习字非求字佳，老年手指硬拙，有如姜芽，藉古帖使运动稍活耳。

丁卯四月

习字一纸，似有所会。因就前所作诗二句复增二句，云："侧势远从天上落，横波杂向弩端涵。刷如丹漆轻轻抹，换似龙蛇节节衔。"自此专从"侧""横""刷""换"致力，不复以他妙杂萦吾虑矣。

丁卯十月 以上论字

【注释品札】

先立规模，后求精熟。凡事须由疏而致熟。赌者虽输，且因输而熟赌道。不做不熟，天下事莫能外此。芸芸众生，凡成大事者，莫不是敢作敢为、屡败屡战、屡踣屡起者。天下事断无生来便熟者。吃一堑长一智，便是熟的过程。未战而先惧胜败，未种而先恐丰歉，未贾而先愁粜卖者，怎成得将帅、大农、巨商？

乾隆便服写字像

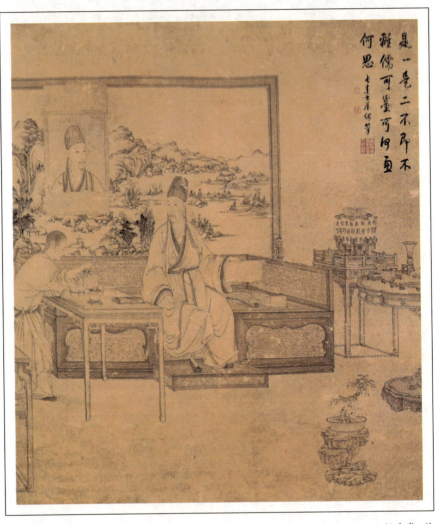

姚文瀚 绘

乾隆鉴古图（局部）

王羲之像

王献之像

王献之书法

马和之 绘

诗经图绘

伐柯美周公也周大夫刺朝廷之
不知也伐柯如何匪斧不克取妻
如何匪媒不得伐柯伐柯其则不
遠我覯之子籩豆有踐

伐柯

马和之 绘

诗经图绘

耕织图

七月豳风

莫友芝像

商代铭文书法

春秋宋公戈错金鸟篆铭文　　　越王勾践自用剑铭文

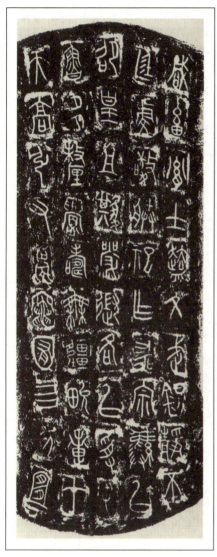

秦景公铭文　　　　　　　　吴王夫差矛铭

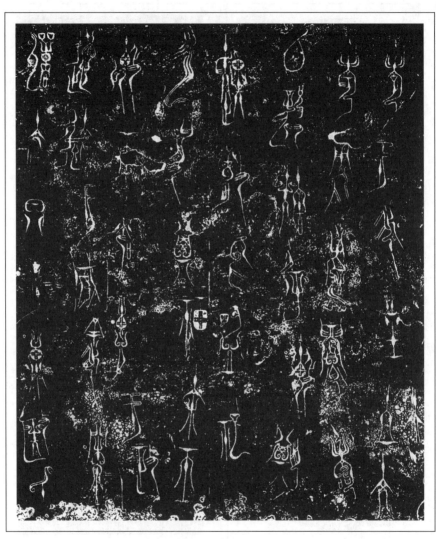

春秋鸟篆铭文

战国越王剑铭　　　　　　　战国越国错金鸟书器铭

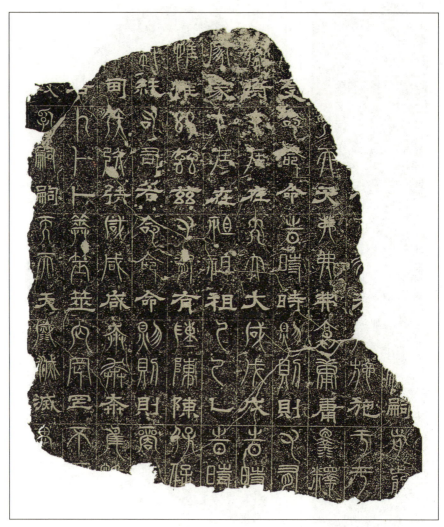

三国魏正史石经残刻

曹真碑局部之一

曹真碑局部之二

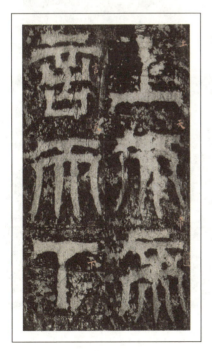

天发神　碑局部之一

天发神　碑局部之二

两晋碑文

第七编 雅鉴珍藏记

179. 宋高宗书豳风等

子愚处观宋高宗书《豳风》①字画雅洁，图亦工雅绝伦。

癸卯

黎寿民送手卷，系刘石庵、翁覃溪二公乾隆四十八年在顺天闱中所写，各临《兰亭》一本，又书诗跋甚多。余以其物尤，可珍贵璧之。

庚申九月

180. 字以人重者有之

李少荃赠以姚惜抱先生所书草字千卷，书苏公《登径山》诗，中有缺脱。姚君学怀素书，不甚沉着，特字以人重耳。

辛酉九月

---

① 豳（bīn）："邠"，古都邑名。在今陕西西南。《豳风》，《诗经·国风》之一。

181. 乾隆之雅兴，书画之奇遇

观钱子密家藏书画二种，一为其太高祖母陈太夫人画册，凡十帧。内一帧画一黑犬，一帧画一蝶未入花丛时，一帧画一虾、一蟹、二小鱼，一帧花篮，一帧古柏，一帧梅花仙女，一帧修篁茂林，一帧杨梅、枇杷、二桃，一帧喜雀，一帧萝卜、白菜，皆清华名贵，秀绝人寰。每帧有其夫钱纶光廉江先生题诗二句。乾隆三十一年，其子文端公陈群进呈御览。高宗于每帧题七绝一首并御题一跋于后，发还。文端公及其子侍郎汝诚各作十诗，恭和元韵，而汝诚详跋于后，以志庆幸。逮乾隆四十七年，文端与侍郎皆殁，而高宗因阅钱选所画鸟、犬，偶忆陈太夫人原册，遣人回浙取至京师，再呈御览。高宗再题七律一首，长跋一帧，仍归钱氏。信名迹奇遇也！其一种为直庐问寝图，图文端公早朝，先至其母陈太夫人所问安之象，为王肇基所绘，亦非俗笔。

壬戌十二月

子偲①以所藏董香光等尺牍、王孟津草稿，乞与一观。谛观之，非真迹也。

甲子五月

182. 钱氏家宝

钱子密出示其先世钱文端之母《夜纺授经图》，高宗及诸

---

① 偲（cāi）：多才。子偲为人名，莫子偲，名友芝。曾国藩门下。

名臣题咏甚多，观玩甚久，信家宝也。

乙丑 以上书画

183. 祁门三宝，不敢妄取

休宁瞿令福田送右军帖一本，王梦楼跋，断为淳化祖本，且定为唐刻，考核未必确凿，而神采奕奕，如神龙矫变，不可方物，实为稀世至宝。余行年五十有一，得见此奇，可为眼福。瞿令又送赵待制仲穆所画飞白竹，上有施愚山、沈绛堂诸先生题跋，亦可宝也。余以世间尤物不敢妄取，审玩片刻，仍尔璧还。去年，黎令福畴送刘石庵、翁覃溪二公在闱中所书手卷，余亦璧却。此三件可称祁门三宝。

辛酉正月

庄思永带来法帖多种，中有《三希堂帖》；又有宋拓《皇甫碑》，王虚舟跋，非真迹也；又有《大观帖》，王梦楼、姚姬传手迹，赏玩片时。

癸亥

刘伯山携其所藏《西岳华山庙碑》，在世所传三名本之外。三名本者：一长垣本，宋漫堂、成亲王等所递藏，后归刘燕庭者也；一四明本，全谢山及范氏天一阁所递藏，后归阮文达者也；一华阴本，王山史、朱笥河等所递藏，后归梁茝林者也。刘氏本则其父文淇孟瞻于扬州市肆得之，久不见称于世，亦可宝也。

甲子

杨海琴信寄到，湖南永州等处金石各种，及汇刻邓石如篆隶，又集中兴颂字为联见赠。展玩良久。杨以乙巳翰林出守永州，性耽金石，新升镇篁道者也。

乙丑正月

184. 李小湖藏帖引诗情

在李小湖处借得宋拓《阁帖》，观玩良久。

乙丑二月

至李小湖处久谈，观其先人春湖先生所藏四宝中之《丁道护碑》《善法寺碑》，又观明刻本《夏承碑》。

乙丑五月

李小湖所藏法帖：一曰褚书《孟法师碑》，笔意似虞永兴而结体绝似欧阳率更，与褚公他书不类；一曰丁道护书《启法寺碑》，隋碑，而字体有类晚唐，矮方而匀整，闻春湖侍郎以千金购之苏州陆恭家；一曰宋拓虞《庙堂碑》，即春湖侍郎曾经翻刻者也；一曰《善才寺碑》，名为褚河南书，实魏栖梧书，仿褚法耳；又有晋唐小楷共十一种，其中《乐毅论》《东方赞》绝佳，乃悟古人用笔之道如强弩引满，蓄而不发。归途作诗二句云："侧势远从天上落，横波旋向弩端涵。"

丁卯五月

观李小湖所藏法帖：一宋拓虞书《庙堂碑》，一褚书《孟法师碑》，一丁道护书《启法寺碑》，一魏栖梧书《善才寺碑》。余于褚书尤爱不忍释。又观《大观帖》三卷，亦旧拓也。

展玩良久。

丁卯十一月

至李小湖处看其所藏法帖，如欧书《化度寺碑》、褚书《孟法师碑》、虞书《庙堂碑》，皆天下之至宝也。又有魏栖梧书《善才寺碑》、丁道护《启法寺碑》、蔡伯喈书《夏承碑》，亦皆上品。

戊辰七月

在李壬叔处见陈香泉法帖，见其草书题画一首，飞舞变化，赏玩无已。惜余老年学书，不复能副吾意之所至耳。

戊辰 以上碑帖

185. 唐人写本《说文》，天下至宝

莫子偲得唐人写本《说文》，仅木部下半一百八十篆，自作《校勘记》，比较孙刻大徐本，祁刻小徐本异同，其佳处不可胜举。大喜，以为天下之至宝也。

癸亥三月

186. 珍本善本藏书类三则

伊遇羹新刻《易程传》，朱义、吕东莱《音训》为一篇，甚可爱。

己未

马徵铭有影宋钞本《集韵》，今东南乱后仅存之本，可

贵也。

甲子十月

至莫子偲处，观渠近年所得书。收藏颇富，内有汲古阁开化纸初印十七史，天地甚长；又有白纸初印《五礼通考》，其朱字相传系秦文恭公手校；又有通志堂另刻之《礼记释文》，又有明刻《千家注杜诗》，均善本也。归后，子偲以杜诗本见饷。嘉靖丙申玉几山人校刻，竟莫知为何人也。

丁卯四月

187. 所爱者有所取，有所不取

至丁雨生家吃饭之后，看渠所藏书，其富甲于江苏之官绅，最精者有宋刻世彩堂《韩文》《东都事略》[1]等书。渠欲以之馈余，余素不夺人之好，因取其次等者如明刻《内经》、东雅堂《韩文》《笠泽丛书》三种，携之以归。

丁卯

188. 舆图两种，一巨一精

汪梅村寄新刻《皇朝中外一统舆图》，凡三十二册。首册序跋、凡例，中卷为京师，北二十卷至俄罗斯北海止，南十卷至越南国。大致以康熙、乾隆两朝内府图及近人李兆洛图为蓝本，而增小地名颇多，亦巨制也。

甲子二月

---

①《东都事略》：书名。南宋王称撰。

与刘开生同观苏、松、常、镇、太五府州新图。东西十九号，每号十格。南北十四排，每排十格，每格见方二里半。中国自有地图以来，以此为最精矣。

戊辰九月 以上图籍

189.古器玩流传有序

苗仙露，河间人，精六书谐声之学，观所藏"君子馆砖""开元瓦"诗册，属予题诗。

壬寅

雷霁邨以诚送一砚，云系韩襄毅雍之砚。刻一瓶形，襄毅自题曰"韩瓶砚"。后归王文成公，题砚背数十字。至本朝乾隆中，归阿文成公，王兰泉侍郎昶题砚匣百馀字。咸丰中，孔宥继涵鑅以赠雷侍郎，今雷又以诒我也。

甲子十一月 以上古器

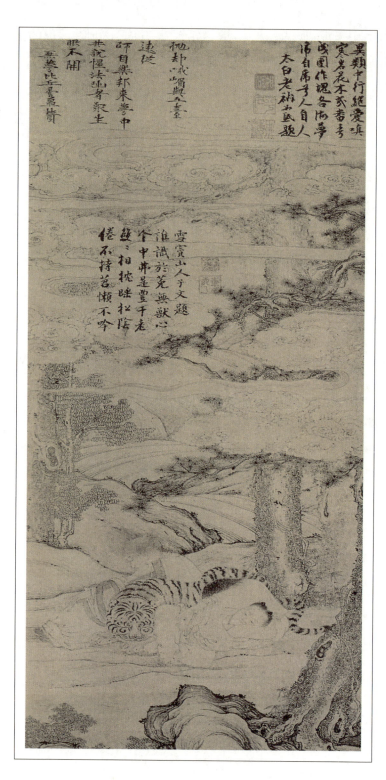

陆游像

范仲淹像

苏东坡画像图

苏东坡养生图

第八编 养生调心记

190. 禀赋不厚而百忧摧撼必早衰

精神委顿之至。年未五十而早衰如此，盖以禀赋不厚，而又百忧摧撼，历年郁抑，不无闷损。此后，每日须静坐一次，庶几等一溉于汤世也。

己未五月

191. 沐浴：本来无垢洗更轻

夜，洗澡。近制一大盆，盛水极多，洗澡后，致为畅适。东坡诗所谓"淤槽漆斛江河倾，本来无垢洗更轻"，颇领略得一二。

己未四月

192. 养目之法与美睡为乐

石芸斋言养目之法：早起洗面后，以水泡目；目属肝，以水养之，以凝热之气祛散寒翳，久必有效云云。而《后汉书·方术传》云："爱啬精神，不极视大言。"二语亦养目之法。

庚申四月

放翁每以美睡为乐，盖必心无愧怍而后睡梦皆恬。故古人每以此自课也。

辛酉正月

193. 陆放翁可谓有道之士

放翁胸次广大，盖与陶渊明、白乐天、邵尧夫、苏子瞻等同其旷逸。其于灭虏之意，养生之道，千言万语，造次不离，真可谓有道之士。惜余备员兵间，不获于闲静中探讨道义。夜，睡颇成寐，当思玩索陆诗，少得裨补乎！

辛酉正月

194. 惩忿制欲，少食多勤

务观①言养生之道，以目光为验；又言"忿""欲"二字，圣贤亦有之，特能少忍须臾，便不伤生，可谓名言至论。

辛酉正月

养生家之法，莫大于惩忿、窒欲、少食、多动八字。

辛酉正月

梁茞林中丞《归田琐记》言养生之道不特食宜少，眠亦宜

---

① 务观：务观、放翁，都是宋朝大诗人陆游的字号。

少，可谓名言。

辛酉正月

195. 食美胜药，眠深即足

余少时每遇困乏，即梦魇①。道光十二年间，先大夫数数呼唤不醒，每以为忧。今三十年矣，而此病如昔，精神亦似未甚衰减者。

辛酉二月

癣痒异常，手不停爬，左腿已爬搔糜烂，皮热作疼。夜用水晶界尺熨贴，取其寒而润也。

辛酉六月

养生之道，当于"眠""食"二字悉心体验。食即平日饭菜，但食之甘美，即胜于珍药也。眠亦不在多寝，但实得神凝梦甜，即片刻，亦足摄生矣。

辛酉十一月

养生之道莫大于眠、食。眠不必甘寝鼾睡而后为佳，但能淡然无欲，旷然无累，闭目存神，虽不成寐，亦尚足以养生。余多年不获美睡，当于此加之意而已。

壬戌正月

---

① 魇（yǎn）：梦魇，梦中遇可怕的事而呻吟、惊叫。

196. 心宽体自安，身衰心神疲

日来癣痒异常，遍身若有芒刺者然，数夜不能成寐。本日尤不耐烦，因服归脾汤一帖，睡后竟能酣睡，至五更方醒，近数月所未尝有也。

壬戌正月

累年不能成寐之病，今春忽得痊愈，连宵多得美睡，殊不可解，岂俗所谓时好运好、百病皆除耶？抑忧勤变为逸豫，清明变为昏溺，为衰耗之征耶？

壬戌二月

余自三十时即不能多说话，说至数十句便气不接续，神尤困倦，今已三十馀年，故态不改，亦不加甚。故知身体之强弱，千态万变，未可以一事之偶强而遽信为寿征，一事之偶弱而遽信为败征也。

壬戌九月

余少时读书，见先君子于日入之后、上灯之前小睡片刻，夜则精神百倍。余近日亦思法之，日入后于竹床小睡，灯后治事，果觉清爽。余于起居饮食按时按刻，各有常度，一一皆法吾祖吾父之所为，庶冀不坠家风。

癸亥四月

197. 人老不以筋骨为能

细思近日之所以衰颓，固由年老精力日衰之故，亦由围棋太多，读书太久，目光昏涩，精神因之愈困也。嗣后当戒围棋，即看书亦宜少减，每日静坐时许，以资调摄。

癸亥

因咳嗽，勉强静坐数息，果有效验，可停一二刻不咳。静坐良久，间以偃卧，直至灯时，觉咳痰微减矣。

丁卯九月

198. 心畏天鉴神格，目浴日明月静

近来因眼蒙，常有昏瞆气象。计非静坐，别无治法。因作一联以自警云："一心履薄临深，畏天之鉴，畏神之格；两眼沐日浴月，由静而明，由敬而强。"

庚午二月

199. 心焦目浊，总由名心未死

日内因眼病日笃，老而无成，焦灼殊甚。究其所以郁郁不畅者，总由名心未死之故，当痛惩之，以养馀年。

庚午二月

【注释品札】

名心两不可。名心不可死，哀莫大于心死，名心亦如是；名心不可执，执则必为所累，得不偿失。名为实之宾，实为身之主，主无宾无以称主，宾无主何以为宾？凡事不多不缺乃为佳境。

200. 不忧生死，不忧后事

阅《范文正①集》尺牍，《年谱》中有云："千古圣贤，不能免生死，不能管后事。一身从无中来，却归无中去。谁是亲疏？谁能主宰？既无奈何，即放心逍遥，任委来往。如此断了，既心气渐顺，五脏亦和，药方有效，食方有味也。只如安乐人忽有忧事，便吃食不下，何况久病，更忧生死，更忧身后，乃在大怖中，饮食安可得下？请宽心将息"云云。乃劝其中舍三哥之帖。余近日多忧多虑，正宜读此一段。

庚午四月

201. 心无宽舒，病愈难减

日内寸心忧灼，迄无宽舒之时，以是病愈难减。总由少壮不能努力，老大悔憾甚多，致心境愁闷异常耳！

庚午四月

202. 未死先学死，有生即杀生

黄静轩劝我静坐凝神，以目光内视丹田，因举四语要诀曰：但凝空心，不凝住心；但灭动心，不灭照心。又称二语曰：未死先学死，有生即杀生。有生谓妄念初生，杀生谓立予铲除也。又谓此与孟子"勿忘勿助"之功相通。吾谓与朱子"致中

---

① 范文正：北宋大臣、政治家、文学家范仲淹。死后谥号为文正公。

和"一节之注亦相通。

庚午五月

阅《福寿金鉴》。午正，数息静坐，仿东坡"养生颂"之法，而心粗气浮，不特不能摄心，并摄身不少动摇而不能。酉刻服药后，行小周天法，静坐半时许。

庚午五月

203. 自治养目之法

丁雨生力劝余不看书、不写字、不多阅公牍，以保将盲之左目。其言恳恻深至，余将遵而行之。

庚午五月

许仙屏送有玛瑙，中空积水者，与空青相类。纪泽命匠以金刚钻钻之。取水点于余右目中，闭目少顷。傍夕小睡。

庚午十二月

吴竹如为余诊脉，渠谓余病在心肝，虚火上炎，宜静坐以养之，非药所能为力。

庚午十二月

闻翰仙言，何镜海得静坐之法，于熊磐隐、贺幼懒学之，目已瞽而复明，余亦思一试也。

庚午十二月

杨芋庵寄信言治目方，每早黎明未起时，以两手掌之根擦极热，加以舌尖之津，闭目擦八十一下，久则有效。日内试为之，而初睡时擦一次，黎明又擦一次，不知果有益否？

辛未二月

204. 物用极而必损，人积劳者久成疾

近来每日围棋二局，耗损心力，日中动念之时，夜间初醒之时，皆萦绕于楸枰①黑白之上，心血因而愈亏，目光因而愈蒙。欲病体之渐痊，非戒棋不为功。

辛未四月

有一守备马昌明，善于道家内功，云能为余治目疾，与余对坐，渠自运气，能移于吾身五脏云云。因与之对坐三刻许。

辛未八月

竹如处坐甚久，灯后归。脚肿愈甚，常服之袜，已不能入，肥而复硬，且似已肿过膝上者。大约作文及看生书，俱嫌用心太过，有损于血，而气不能运化，故至于此，以后当不作文，不看生书。

辛未八月

205. 视、息、眠、食为养生之要

养生之道，"视""息""眠""食"四字最为要紧。"息"必归海，"视"必垂帘，"食"必淡节，"眠"必虚恬。

---

① 楸枰（qiū píng）：旧时多用楸木制棋盘，因称棋盘为"楸枰"。

归海谓藏息于丹田气海也。垂帘谓半视不全开、不苦用也。虚谓心虚而无营，腹虚而不滞也。谨此四字，虽无医药丹诀，而足以却病矣。

辛未八月

日内眼蒙益甚，或谓调息养神尚可补救，因试为之。捧土而塞孟津，深恐其无当也。

辛未十一月

咸同中兴四大名臣之一　胡林翼像

第九编 品人怀旧记

206. 何子贞深知艺通于道

何子贞来，谈诗文，甚知要，得艺通于道之旨。子贞能自树立者也。

壬寅十一月

207. 冯树堂至情动人

树堂至情动人，惜不得使舍弟见之兴感，又惜不得使霞仙见之也。说到家庭，诚有味乎言之！

癸卯正月

【注释品札】

世间动人者四：美丽动人、财宝动人、至情动人，但都不过是乾坤阴阳、芙蓉三变，把把都是双刃剑，唯生死动人者为真性情。

208.勤者自有过人时

看子贞所批圈古文及《史记》，信乎其能自立者。扬子云云："其为人，也多暇日者，其过人也不远矣。"自念如此悠忽，何以自立者！子贞者，名不苟立，可敬也。

癸卯二月

【注释品札】

生于斯世，唯求益人，何须求过人。自然过人足已，有一"求"字，便必生反动。

209.冷淡自有深滋味

竹如兄与人交，虽人极浓厚，渠常冷淡，使人穆然与之俱深，真是可敬。

癸卯二月

210.清闲处常是成就之基

何子贞来，谈及渠在国史馆，每去，手抄书十页，录《东华录》所不载而事有关系者，约手抄五千字。闻之，服其敏而好学。予前冬入史馆而绝不供职，对之愧杀。

癸卯二月

罗椒生①来，久谈。有志之士暗然日章，不胜钦服。

癸卯二月

211. 朱廉甫可力战不衰于言路

朱廉甫得福建道御史，有志献纳，得居言路，可喜也。读廉甫诗数首，知其用力已深，其心血亦足可以力战不衰，予所不及。

癸卯四月

212. 吴子序好学深思

吴子序言圣人言保国，保天下，老氏言取国取天下，吾道只自守，老氏有杀机云云。其义甚精，好学深思，子序不愧。

癸卯四月

213. 士别三日当刮目相看

接霞仙书，恳恳千馀言，识见博大而平实，其文气深稳，多养到之言。一别四年，其所造遽臻此，对之惭愧无地，再不努力，他日何面目见故人耶！

癸卯六月

刘荫渠自新城来见，六年不见一面，即深相爱重。喜其与三十年在京相见无异，仍是朴讷书生气象，未染军营气习，亦

---

① 罗椒生：名惇衍，字星斋，号椒生。道光进士，咸丰刑部侍郎。

无官场气习也。

戊午七月

孙芝房信寄近作古文一本。夜阅论治六首，通达事理，文亦劲快，杰作也。

戊午七月

214. 李希庵论事有识

李希庵信，论事有识。

汪梅村，名士铎，绩学士也，江宁人，庚子举人，出胡中丞门下。江宁城破，陷贼中年馀。后逃出，至绩溪山中。去年，胡中丞请之来鄂署，修《读史兵略》一书。其学精于舆地，曾补画《水经注》图；又精于小学，又曾作《南北史补注》。其师友为胡竹庄培翚、胡墨庄承珙、陈硕甫奂、徐星伯松、张石舟穆之属[1]。又言胡墨庄六种、胡竹庄《仪礼》及焦理堂《群经宣室图》等书最好。

己未八月

215. 论门下、属官诸人之长

马徵麟业师陈雪楼，乙未进士，曾任甘肃知县。著有《周易廓》及诗集、古文。马读书颇有渊源，曾著《三立明辨》，谓立德、立功、立言三者，各纂集诸书，自为条例。又有马寿华，号小坡，马复震，号星平，皆桐城人，在此投效，志趣亦

---

[1] 此处五人都是名与字合称。

不卑。

庚申正月

邓守之颇通小学，盖其父完白先生与李申耆先生皆当代名宿，濡染较深也。

庚申三月

季高、次青①邕谈。夜又与季高久谈。季高言，凡人须从吃苦中来。收积银钱货物，固无益于子孙，即收积书籍字画，亦未必不为子孙之累云云。多见道之语。

庚申四月

罗澹村中丞，以乙未进士历官直隶、湖北、浙江等省，凡二十五年，家无一钱，旧屋数椽，极为狭陋。闻前后仅寄银三百两到家，夫人终身未着皮袄，真当世第一清官，可敬也。

庚申四月

胡中丞熟商江南军事，又言凡事皆须精神贯注，心有二用则必不能有成。余亦言军事不日进则日退，断无中立之理。二人皆许为知言。

庚申四月

周弢甫颇习夷务，所言亦晓邕事理。

辛酉十月

---

① 季高、次青：左宗棠、李元度。

216. 做人处世修业之术皆存于音乐之中

贺宏勋带浏阳精于古乐者邱庆籥等六人来。邱系穀士先生之子；六人者，皆承穀士之教，讲求古乐。带来乐器：琴一、瑟一、凤箫一、洞箫一、匏一、埙一、篪一、笙一。因令奏乐，以鼓节之。音节清雅，穆然令人想三代之盛。古昔圣王修己治人之术，其精者全存乎乐，而后世之独缺者，乃首在乐。余因古人治兵之道，作诗之法，皆与音乐相通，而懵然不知，深以为耻。思访寻穀士先生之徒党，相与讲求一二。故招集六人者自浏阳来皖。儿子纪泽粗晓音律，明年当令来营，究心兹事。

辛酉十一月

217. 论钱子密父子

钱子密送其尊甫钱警石先生《泰吉文稿》。泰吉为香树先生之曾孙，衎石先生之弟，为海宁教官二十七年，又在海宁为山长九年，现避乱寓江西新建乡间，生平最喜校书，所校各本题识名曰《曝书杂记》。

壬戌四月

218. 企羡属官与江南饱学之士

严渭春中丞信中抄寄渠与司道论湖北军务一函，地势之熟，词气之谦，均不可及。

癸亥四月

李少荃^①杀苏州降王八人，殊为眼明手辣。

癸亥

李善兰壬叔、杨岘见山来坐，携陈硕甫先生名片一纸，知已由贼中逃出到沪，言将来皖，年八十二岁，段茂堂之弟子，东南之精于经学、小学，岿然仅存矣！

癸亥五月

李壬叔带来二人：一张斯桂，浙江萧山人，工于制造洋器之法；一张文虎，江苏南汇人，精于算法，兼通经学、小学，为阮文达公所器赏。

癸亥五月

柳宾叔，名兴恩，丹徒壬辰举人，七十六岁，精于《穀梁》之学。曾在阮文达家课读十馀年，学术颇有家法也。

戊辰十月

单地山于席间盛称余所作《江忠烈神道碑》，背诵如流，老辈好善不可及也。

己巳正月

【注释品札】

高明者必空远；卑下者自平实。天高而荡气浮云而已，地卑则育生万物；日月高明而遥不可及，水低下而滋养稼禾草木。所以做人做事可法地之平实，而不可效天之空泛；可法水

---

① 李少荃：李鸿章（1823—1901），安徽合肥人。1858 年入曾国藩幕。

之浸润，而不可效日月徒悬。还是老老实实做人，踏踏实实做事的好。

219. 论挚友之文才风采

冯树堂来久谈。三十年前老友，自祁门一别，至是忽十馀年矣，畅叙一切。渠绝无老态，在山中善于调养也。

辛未三月

阅霞仙近年所作诗文，渊懿畅达，较昔年已大进。

辛未九月 以上企羡

邵蕙西示以方世兄所作论，年方十五，而才华如此！黄子寿来，示以所作选将论，真奇才也。

吴翔冈言：识见高明者，特患践履不平实。高明则崇效天，平实则卑法地，因进之以脚踏实地，事事就平实上用功。

戊年十二月

次青又作怀人诗十六首，再用何廉舫原韵，绵丽遒劲，才人之笔。

己未二月

观邓弥之、吴竹庄和诗。竹庄诗，牢骚喷薄而出，不忍卒读，盖其中郁抑深矣。

己未二月

张廉卿近日好学不倦，作古文亦极精进，余门徒中望有成就者，端推此人。临别依依，余亦笃爱，不忍舍去。求为其祖作墓志，近日当应之也。

己未九月

陈大力来，与之言襟怀贵宏大，世俗之功名得失须看得略平淡些。

庚申三月

赵惠甫上条陈一篇，识解闳远，文辞通雅，逸才也。

辛酉八月

【注释品札】

难得平淡二字：人事是非看得平，怒火不起；功名利害处之淡，怨气自消。自入心平气和万事顺遂之境。

220.赞各路所荐后生俊才

刘仲良庶常秉璋，庐江人，李少荃之门生，气象峥嵘，志意沉着，美才也。

辛酉十月

严仙舫信来，荐其内侄向师棣，果令器也。

壬戌

郭雨三之胞弟用中与其子阶自东台来，谈最久。阶字慕徐，其业师为扬州刘孟瞻文淇之子，经学已有师法矣。

壬戌八月

阅严秋农《先器识而后文艺论》。严名咸，仙舫通政之子，乐园廉访之孙，年十八中咸丰丁巳举人，今仅二十三岁，而史事烂熟，识见远大，洵吾乡英俊也。

壬戌八月

与许仙屏谈气节、文章，二者缺一不可。嘱其勉于此，以与乡人相切磋。

癸亥十月

歙人汪宗沂者，王子怀之婿，呈所作《礼乐一贯录》，虽学识尚浅，而颇有心得。

甲子二月

孙文川、贾钟麟，皆绅士之有才者也。

乙丑正月

薛晓帆之子薛福辰所递条陈，约万馀言。阅毕，嘉赏无已。

乙丑五月

戴醇士之长子有恒、季子穗孙来见，尚能世其家学，穗孙新得优贡，器宇轩昂，可喜也。

戊辰正月

蒙阴管县令福曜，河南驻防，系倭艮峰相国之胞侄，福新伯观察咸之堂弟，字焕卿，雅饬有循吏风。

戊辰

石琢堂之曾孙名师铸，字似梅者自湖南来，筠仙有书荐之，盛称其才，果俊才也。

辛未十二月

雷州举人陈乔森，谈甚久。陈号逸山，许仙屏有书极赞其文行不群也。

五月 以上奖励

221. 悯病悼死梦亡录

监印委员莫祥芝患病入城医治，求一见。语言时明时昧，颠连可悯。

戊午

黎宗铭，零陵人，向在王璞山营，聪明警敏，字仿左季高体，绝肖，志趣高亢，方期渐进于诚实，遽以疾殁，殊为可惜。

戊午七月

成章鉴在吴城病故，不胜悲悼。成以武弁而知忠义爱民，谋勇兼优，方冀其继塔、杨[1]而起，不意其遽逝也。

戊午十月

梦江岷樵[2]如平生欢。多年未一入梦，兹忽梦之，不胜伤感！

---

① 塔、杨：塔齐布、杨载福二名将。
② 江岷樵：江忠源。

但不知温甫弟果尚生存否？①温与岷亦至交也。

戊午十一月

接孙芝房信，告病势垂危，托以身后之事。并请作其父墓志及刻所著诗十卷、《河防纪略》四卷、散文六卷；又请邵位西作墓志，亦自为手书别之，托余转寄。又接意城信，告芝房死矣。芝房于去岁六月面求作其父墓志，余已许之。十一月又寄作古文一本，求余作序。余因循未及即为，而芝房遽归道山，负此良友，疚憾何极！芝房十三岁入县学，十六岁登乡举，二十六岁入翰林，少有神童之目，好学励品，同辈所钦。近岁家运极蹇，其胞弟鳌洲、主事叔孚孝廉相继下世，又丧其长子、次子，又丁母忧，又丧其妻，又丧其妾，皆在此十年之内。忧能伤人，遂以陨生。如此美才，天不假之以年俾成大器，可悲可悯！因忆道光二十八年刘荛云②将死之时，亦先为一书寄京以告别，请余为作墓志。凡内伤病，神气清明不乱，使生者愈难为情耳！

己未三月

子序寄其侄昌筹之文，因阅一过，识见卓越，有子序之风，惜其早死也。

戊午十二月

袁漱六有志读书，期至于古之作者，而竟百不能偿其一二，良可深痛。今年六月，郭雨三亲家阵亡，兹又闻漱六之

---

① 曾国华战死三河，初尚不知生死。温甫弟即曾国华。
② 刘荛云：汉阳人，曾国藩京官时的挚友，国子监学正，因病辞官回乡，不久病逝。

丧，中年哀乐，触绪生感。古人所云，既悲逝者，行自念也。

己未十月

222. 叹胡林翼之病亡

胡宫保[1]于八月廿八日亥时去世，哀痛不已。赤心以忧国家，小心以事友生，苦心以护诸将，天下宁复有似斯人者哉！

辛酉九月

罗伯宜来谈极久，深叹黎寿民之敦厚，早逝为可惜！

壬戌

223. 悠悠毁誉，竟足杀人

周弢甫在沪沦逝。老年一膺荐牍，遽被参劾，抑郁潦倒以死。悠悠毁誉，竟足杀人，良可怜伤。

壬戌八月

224. 痛悯坚守孤城烈士

赵景贤竹生，以一在籍绅士，苦守孤城，四面援绝，至半年之久。城陷身殉，良可痛悯！拟为一疏历叙其贤行勋绩，而自请不能赴援之咎。

壬戌

---

[1] 胡宫保：即胡林翼。宫保为朝官衔名。

225. 有负友人托子，悲惋歉疚

闻姚秋浦之丧，深以为忧。姚自去年五月署皖南道至今年馀，无日不在艰危困苦之中，兹以疫病，四日不起，可胜悲惋。

邓守之子解，字作卿，于本日寅正在公馆内去世，完白先生之孙也。余派人料理殓殡，未刻舁出。其父曾谆托我教训培植，余以公私繁冗，久未一省视，不知其一病不起，有负重托，殊为歉疚仄。

癸亥五月

226. 哀杨朴庵与袁午桥

至杨朴庵处看病，观其安闲淡定、视死如归，不愧学道君子之自然；病则十分沉重，无可挽回矣！

癸亥六月

袁午桥临终有遗函寄余，中云"勿以苗逆为易翦，勿以长淮为易收"[①]，读之悚动哀感！

癸亥七月

227. 人生几回伤故人

李希庵[②]于十月廿八日子刻弃世。苦战多年，家无长物，忠

---

① 袁午桥：袁甲三"苗逆"为屡叛之苗沛霖，"长淮"指皖省失地。
② 李希庵：湘军将领安徽巡抚李续宜。

莛廉介，可敬可伤。旋又闻钱警石先生仙逝。老成凋谢，弥深怅惘！

癸亥十二月

范云吉于十三日戌刻弃世。仁厚正派而有识见，方意其大有为于时，而止于此，良可痛也。

癸亥十二月

闻张铼渠没于安庆，为之怛然不释。盖铼渠于徽休闹饷时百计维持，大受殴辱，而余查办之札复过于严厉也。

乙丑八月

228.伤塔齐布兄弟遗亲之惨淡

至塔军门①家，直延入上房，具酒相待。其母八十岁，相对涕泣。其三弟咸丰四年已死，其次弟本年八月十三日亦死，其两弟妇寡居，并出拜见。三兄弟皆无子，仅塔军门一女，次弟阿陵布四女。亲房无可承继之人，实为可惨。其妹其女并出拜见，泣求提拔其婿等。

戊辰十二月 以上感伤

---

① 塔军门：湘军将领塔齐布，本人战死沙场。此篇为曾公晚年调任直隶总督进京陛见时，去探视塔齐布在京的遗属时所记。

岳飞像

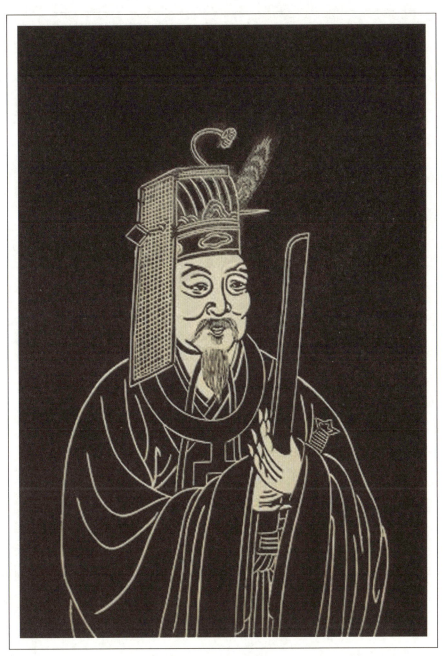

宋参知政事　范仲淹像

陈洪绶　绘

黄流巨津

洞庭湖

沈周 绘

庐山高图

石涛 绘

巢湖图

吴宏 绘

燕子矶图（剪接）

周敦颐故里

周敦颐像

孟庙

颜庙

周公庙　　　　　　　　　孔子神龛

孔子神龛

颜庙

周公庙

宗圣曾子像

秦淮河

南京风景

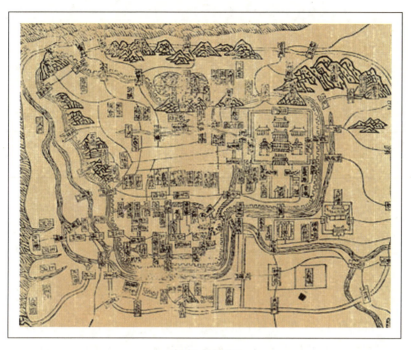

南京古城图

南京冶城图

第十编 地理勘游记

229. 白沟河与巨马河

白沟河上游为巨马河,巨马河出广昌县,至涞水分为二支。北支经涿州北关外绕而东合琉璃河,统名曰白沟河,宋、辽分界在此,故曰界河。此河自二月至十月皆可坐船,风帆、芦苇,似江南风景。惟桥多而矮,轿在船上则不能多过其下,十一、二月冰冻亦无船也。此河至雄县之南汇为西淀下游,至天津入海。

230. 十二连桥

十二连桥,即西沱也。宋何承矩为沧州节度使,请于顺安寨西开易河蒲口,导水东注于海,东西三百馀里,南北百七十里,筑堤潴水为屯田,以遏敌骑之奔轶。于是雄奠霸州,平戎破鲁顺安等军。兴堰六百里,置斗门,引淀水溉田,获渔稻之利。而水深不可以舟行,浅不可以徒涉,此东淀、西淀之所由起也。

231. 河间府、子牙河、滹沱河

河间府，古瀛洲也。

献县之北，过一河。上有桥，甚高；下有船，风帆往来，盖子牙河也。

滹沱河发源山西，由广平北流至天津入海。自与滏阳河合流后，即谓之子牙河。

232. 德州、景州运河两岸

自交河、阜城、景州至刘智庙一带，皆傍运河之西岸行。至明日，德州渡河，则过东岸矣。向来此数百里间地洼积水，夏潦甚盛，故使江西者甚为难行，景州南北常须坐船，溯运河而至德门。今年此间夏雨无多，故昨二十九、初一及今三日，皆路干好走，甚难得也。然闻黄水由微山湖全灌入运，顶托北流，故运河水极旺，而卫漳之来源亦旺，景州之南北岸已决口矣。

233. 盐河

四女寺有一滚水坝，运河水太盛则开闸放出，下游由直隶之宁津、庆云一带入海。土人称盐河亦称老黄河，若秋冬春，则无水矣。

234. 赵王河

魏家湾有一滚水坝，水多则开闸放出，下游由乐陵、海丰一带入海，李氏地图谓为马颊河，盖附会九河古名而称之。土人谓为赵王河，盖运河之西岸本有赵王河入于运，故指此为赵王河之下游也。

东昌府城东有一龙湾滚水坝，运河水多则开闸放出，下游由禹城、惠民一带入海，李氏地图谓之徒骇河。余问之，土人仍称曰赵王河。此河与昨日之马颊河水势皆小，盖运河滚坝皆在未会卫河以前，四女寺滚坝则在既会卫河以后也。

235. 大清河

大清河，河广约三十丈，水深而浊，但不似黄河之湍悍耳。大清河本济水也，出王屋、济源县，绝黄河出而溢为荥，东北会汶而入于海，古之济水如此。自济水绝流已久，而凡东平州以下经东阿、平阴、历城、济阳等处至利津入海者，概谓之大清河。其源自平阴县南之柳沟诸泉，由东平州北门外过，折而东北，汶水为戴村坝所遏之馀之水来会，又折而北。运河夏涨，张秋镇减坝之水来会，自是浩浩一巨川矣。昔之清河，济为主，而汶附之；今之清河，汶为主，而柳沟诸泉附之，运河减坝又附之也。又为盐船所经历，故亦谓之盐河。

236. 泰山支麓

自别京外西山后，几十日不见山。至旧县始见四围皆山，盖泰山支麓也。

237. 东平州沿革

东平州北关外渡河，广约三十丈，盖大清河自汶水来，虽为戴村坝所遏，会汶入运，而其溢出之水漫坝而下者，即经东平州之北门外，盖昨日所渡大清河之上游也。李氏地图以州城在此河之外，误也。州城内外多积水，南门外一桥下积涨颇深，桥南尤泥泞难行，今年尚好，往年雨多，环城皆水，竟不可行，须绕道行十五六里也。州城甚大，周四十里，汉为东平国，取《禹贡》"东原底平"之义；刘宋后魏曰东平郡；隋曰郓州；唐元和中置天平军节度；宋政和初，升为东平府；元曰东平路；明曰东平州，初隶济宁府，后改隶兖州府；国朝隶泰安府，实四战之地也。

238. 汶水为运河源

元韩仲晖初于安山开会通河，今仅有一安山闸而已。

汶水本自大清河入海，自明宋尚书礼筑戴村坝，遏会汶入运，三分北流，七分南流，而汶水遂为运河之源矣。此渡处地名草桥，去南旺湖分水处尚五十里。过渡后又十里，至汶上县。

239. 泉河

过高樯桥行仅一里许，即坐船泛小河。问之，土人云名泉河，由泰山来，夏月大雨则溪涨流出，下注运河，冬则无水矣。

240. 泗水桥

泗水桥长约五十丈。泗水出陪尾山，下游分二支，南支入独山湖，北支过兖州府，会洸河，过济宁州，入运。此桥北支也。

241. 白马河与峄山

白马河源出大龙山，西流会于汶，入运河。

出兖州府城，即望见东南有一山，高秀回出，盖邹县之峄山也。在县南二十五里，秦始皇刻石于此，晋郗鉴避寇于此。自峄山之北，众山绵亘数十里；峄山之南，绵亘百馀里。昨日、今日大道之中，皆山相送也。盖皆泰山之支麓，峄为主峰。余问之，土人有曰连青山者，有曰高山者，有曰龙山者，其名不一。昨日所过之泗水白马河，今日所过之南沙河、北沙河及邹县之南小溪数处，皆发源山下，西北流入于运河，或入于泗水，入于南旺、昭阳、微山等湖。孔、孟桑梓，山川雄秀绝伦也。

242. 南沙河与十字河

南沙河广与北沙河等，水深尺馀，古之漷水也。出连青山，入薛河。又行二十五里，至官桥镇，相传即孟尝君封薛之故邑，镇南关外有一水，自东南来，西北入运河。又行十馀里，有一水甚大，土人云名十字河，亦自东南来，西北入运河。

243. 黄河决口无勺水，坐轿而过

连日皆行运河东堤之外，黄河丰北决口未塞，水淹丰、沛、鱼台、金乡、嘉祥、钜野一带，皆在运河西堤之外。邹县、滕县途中间遇饥民携老抱幼，北去乞食，又牵耕牛数十头，一路求售，仅五六千钱一头，盖折本不啻三四倍矣。

至韩庄，沿途见道西湖水浩淼，风帆往来，盖微山湖。本在运河之西，近被黄水冲溢，湖水漫过运河之东也。韩庄向有店二三千家，运河贯于街中，微山湖在西堤诸店之后。近为黄水所淹，房屋无一存者，皆结秸为庐栖止。河干头尽为湖所吞，仅馀两线单堤，中走一泓运河，其溜极急。自此下游无堤以束之。运河宽五六十里矣。余骑马行泥淖中，绕道数里。至此渡运河又二里许，渡新河。新河者，上游亦受微山湖之水，下游仍入运也。

微山湖之下游，向系民田。因全黄入湖大溜，顶托北行，馀水则散漫四溢，此其漫而南流，下游入运者也。在船上行十五里，所过民田村庄，房屋坚固者，尚峙水中未倒。船至荆山桥之南岸一村庄前上岸。荆山桥者，其河甚宽，上游受微山湖之水，下游入运。今汪洋一片，则此河轨道不复见矣。但见长桥露于水面，其长约二里许，北岸一小山，南岸一石牌坊而已。上岸后，坐轿行十八里，至黄河北岸，渡一新河，系官为新开者，盖欲引微山湖之水泄入黄河，以杀湖涨也，仅二丈宽，与黄河仅隔一堤。新河用船渡，而黄河则坐轿行过，无勺水矣。河堤之下，即至徐州府。

在堤上，见徐州北门内，有东坡之黄楼，南门外有云龙山，山上有放鹤亭，东南隅有戏马台，皆历历在望。

244. 符离集与睢河

符离集，古符离县城也。睢河在集中，上有桥，下有船往来。睢水有三源，出江苏砀山县者，为睢河；出河南虞城县者，北一支为洪沟河，南一支为巴渠河，至萧县与睢水合，下游入洪泽湖。

245. 宿州

至宿州城北关外，隔水用船，行三里许。据《方舆纪要》，汴水经州城北，今汴水竟无迹矣。李氏图亦不载也。州牧郭世亨来见，据称此水系北股河，南股河上游系黄河。南岸之减坝，所谓天然闸者是也。往年皆盛涨，今年黄河北决，无减坝，南流到此，因雨水太大，合州成灾，故环城皆水云。

246. 浍河

浍河出河南归德府，有二源，一曰南沙河，一曰北沙河。下游至五河县与淮水会。又行三十里，至新桥，渡潏河，河面甚宽。潏河来源不远，上游仅三四十里，下游仅二三十里，即入浍河也。《方舆纪要》无此河，李氏图有之。冬夏皆有船，从前有桥，今塌矣。

247. 洪泽湖至临淮关

洪泽湖以黄河南岸减坝数十年，所放之水，积淤渐高。

又加廿二、三年中牟、祥符决口水皆入洪泽湖，廿九年开吴城六堡，淤湖尤甚，不能容水。故数年来，宿州、灵璧、凤阳一带水无所归，遂成泽国。此泛舟所行之水，皆村庄民田也。行二十馀里即入淮河，沿河而下，又行二十馀里，凡五十五里，至临淮关。

248. 梁县

梁县城，市镇甚大，且繁盛。按汉慎县本属汝南郡，刘宋侨置汝阴郡于此，因以此为慎县。东魏置平梁郡，陈曰梁郡，隋唐皆曰慎县。宋绍兴间避讳改曰梁县，从故郡名也，元仍宋旧，明初省入合肥县，今为梁乡县。

249. 肥水、巢湖

庐州府城东门名威武门，南门名德胜门。东门外过一桥，桥下河内有船，即肥水也。上游来源不远，即在合肥境内，下游汇为巢湖，土人名为交湖，音之误也。湖去府城四十里，由湖流出为黄落河，入大江也。三十七里至派河，上有桥，下有船，问之土人，此名上派河，尚有中派河，下派河，三河皆通巢湖也。

250. 桃城河

桃城店，街外有一河，以船搭浮桥，河中船颇多。问之土人，云名桃城河。上游出西北一带山下，下游入巢湖也。

251. 七里河至南港

距舒城七里，有一河颇深，名七里河。过船后又行二十里，复有一河无船，幸水小，有桥易过。闻山水盛涨时，极难过也。此二河下游，皆出巢湖，入大江。其地有市镇，即名南港。至此望诸山，四围如画。西一高峰名春秋山，南一高峰名鹿起山。又十里，至梅心驿公馆，面山后有舫斋，极雅，诸尹钮西农所造也。

252. 古夹石山与吕亭驿

自入安徽庐、凤以来，不见高山，今日始行山中。小关本名北峡，巡检驻扎于此；大关本名南峡，即古夹石山也。三国时，孙权攻皖，张辽自合肥驰救，闻城已破，至硖石，筑垒戌守。后曹休攻皖，陈逊、朱桓等拒之，追至硖石，即此地也。此二关为南北要隘，自此以北，犹有北方风景；自此以南，则纯南方气象也。自此以北，水皆北流，由洪湖入大江；自此以南，水皆南流，由枞阳河入大江。

吕亭驿，即宋元嘉间立吕亭左县，即此地也。

253. 桐城至潜山

桐城县中有一河，县城在河南。出公馆后，过河桥，经城下行，行四十五里，至陶冲驿。自昨日入桐城境后，山水即极苍翠明秀，为出京以来所未见。今早新雨，千岩竞秀，万壑滴翠，尤步步可爱。陶冲驿换马后，行二十里，过一沙河。编竹为簰，置轿其上。河广约四十丈，若山水暴涨，则难过也。此已入潜山县界矣。后又过小河三次，不用竹簰。其水上游，皆发诸山之麓，下游皆合于枞阳河，入大江也。

254. 潜山县至小池驿

由潜山县行里馀，过一河，有竹簰。又二里，过一河，亦用竹簰，马皆浮水而过。又五里，过河，马亦用船，轿用簰。自城内起，凡四十里，至小池驿。

潜山县，山甚高。山中泉水及雨水，下游皆由石牌河入大江。每山水盛涨时，则横溃坏田为患。河本多于桐城，而堤防亦不如桐城之坚实。故桐城得水溉田，受水之利；而潜山则但受水之害也。潜山出篾席，精而贱，是日买一床。县城以北山与桐城相等，以南则草木不茂矣。

以上壬子

255. 扎营弋阳詹家山

弋阳县之脉，自灵山来。灵山在上饶境，在弋阳之东北，六峰耸峙，形如笔架，与庐山之五老峰略同。县之对河南岸有龟峰，山形如龟，去县南稍西，约三十里，南临上饶，北绕弋溪。弋溪发源于灵山西，流至县之西门，注入上饶江。县北门外有桥，去城不半里。桥南有小山，可扎营。城外有山，可扎营。西门外有小平坡，可扎营。皆守城者所宜占也。西门外过弋溪河五里许，有黄土冈，可扎营，攻城者所宜占也。东门外有詹家山，最高，群山颇多，皆可扎营，守者攻者，皆宜占也。咸丰五年，罗、李扎西门外之黄土冈，余今扎詹家山之侧。

256. 驻马双港五鼓岭

自荷包塘过半里许，小憩于野。策马登一山，名曰响石岩，其北为峭壁，南略斜，上为平顶，在龟峰之东，登此山即见龟山之背。对面东南一山亦壁立，高平如台，形与龟峰略同。又行二十里，至双港住宿。双港系一大墼。余扎营之处，名曰五鼓岭，坐西向东。后曰虎形山、月轮山，对面由岩山，右胁有一水，从义岭来，右东南角有一水，从陈坊、吴坊来，会于双港东北，流至于黄沙港，入弋阳江。

257. 福建上清宫周边山水

余率师由建昌入闽。自港口行四十里，至塘陂湾扎营。营盘坐西向东北。遥望东南外山，为天华山，最高。西南云台山，东隅为降兵峰。北至贵溪五十里，东至光泽县一百八十里，南至耳口寨四十里，西南至上清宫五十里。

上清宫内有棂星门、下马亭，有正殿。有雍正九年"御碑亭"，极雄伟，皆为贼所毁，神像狼籍。宫门外有赵子昂"玄教碑"，尚完好。旁有雍正年一碑，上无覆亭，剥落尽矣。

上桂洲，即前明夏贵溪相国故宅。有水发源于泸溪，自西而东流，至安仁之上，合入广信大河也。下游西北隅，为龙虎山，即张真人修炼之所。上游东北隅为象山，即陆子讲学之所。正东为藐姑峰，即馒头岭。正南为出云峰。正西为西华山。东北至塘陂湾五十里。北至贵溪县七十里。西北分三路，至鹰潭四十里，至安仁九十里，至邓家埠七十里。西南至金谿七十里。东南至耳口寨四十里。

西华山之东一大壑，即上清宫旷野也。西华山之西一壑，较上清宫之野略小。去西华山半里许为狮山，葬前明一天师坟，有石人石马。狮山之北接冲天山，俯临江水，即上清宫之水口也。鹤泉源其东南为云林山，雄秀耸峙，抚建之巨镇也。东北即龙虎山，西北为仙鹤峰，南为白马峰。东至孔坊十五里，西至青田桥二十里，北至鱼塘三十里。

258. 金谿群山

金谿膏腴之区，近被贼蹂躏，残破不堪，城中仅有一二民房未毁，馀皆颓垣破瓦，目不忍睹。城北为鹧鸪岭，南为鹤梅峰、山牌岭诸山。南路左至泸溪百里，右至建昌府百一十里，西南至抚州府百里。

金谿王家岭，南有仙人岭，东有大猛山，西北有罗家山，东北有韩婆岭。

259. 游麻姑山

与意城、仙屏、笙皆同游麻姑[①]山。进城北门，出南门约十三四里入山。山高四里许，中有半山亭。过亭后有试剑石，有双瀑泉、乌龟潭、水月潭、伏狮潭。又上为金龙，为龙门桥。水帘洞与庐山之栖贤三峡桥最相似。桥内有神功泉，极清洌。又进为一大壑，北有仙都观，观外为仙桥，观内有璧莲池，壁上嵌鲁公书《麻姑坛记》，中龛麻姑神像，今毁矣。庙后为螺

---

① 麻姑：神话传说中的鸟爪仙女，为王母上寿时，路过大海的上空，曾言要把它买下来，把它变成桑田。也有说：她已经见过沧海三次变为桑田了。此即"沧桑"一词之典故。

螃岩，岩后为大松祠，侧为十贤堂，堂后为慈惠庵。仙都观之上有礨涛庵。庵内有大士阁。饭后，又游丹霞洞，在仙都观之西南，约八里许。小溪侧有大石，中洼。相传洼内旧为入洞之门，今为砂石所闭塞。其上为行人径路，顿足谹然有声。土人谓其下空洞，故履之成声。然山色粗犷，绝无灵异之象。纵有小岩深洞，必非佳境，不足以宅仙灵矣。申刻归，仍至龙门桥小憩。麻姑山之胜，以此为第一，昔人傅会，不足珍也。

260. 建昌府城周形势

出建昌府城西约二十里，有麻岭。巨石峭壁，耸立千寻。有水绕于峭壁之北，约小半里许流出，有为麻源洞口。入麻岭内，两岸皆石壁，中夹一溪，清流激湍。东岸摩崖，有"云门"二大字。西岸摩崖字甚多，不可辨识。谷口有店，约二十馀家。出谷口二百步许，有五谷山，罗星极圆，俨护水口。又百步许，有平坡，土人名曰曾和坡。五谷山与此坡似断似连。坡之西一谷，坡之东二谷。每谷各有一溪，溪源约各十五里许。东二溪汇于石桥，三溪汇于谷口店铺前，是之谓麻源三谷。东岸山皆石壁，西岸皆土。东岸山最高者为云谷峰，下有平冈，即华子冈。

建昌府城，守之甚易，攻之颇难。东面及东南隅贴近盱江大河。东门外即太平桥，桥东有洲，洲南有从姑山，洲星为新河。与盱江相会处，洲尾曰杨林渡。两河相隔约一里有奇，中有小港，穿通两河。港有桥，曰平江桥。由杨林渡东岸循河而下，约三里馀，为宝塔山。山下为万年桥。欲围攻建昌城者，东岸自从姑山起至洲尾止，可扎三四千人，须于上下杨林渡绾搭浮桥，以通岸。北头河沿不便扎营，宜扎于石仙峰及望马冈等处。西面宜扎师公山、王家山等处。西北隅之凤凰山侧，亦可迤逦连扎数营，此围城之说也。若攻城，三面皆石山，不能挖地道，亦不能起土山，难为力矣。为守城之计者，则宜占住太平桥，占住中洲，通东路之接济，庶不至于围困。

以上戊午

261. 湖口昭忠祠与石钟山、"北楼风韵"

雪琴所修湖口昭忠祠，中厅各营官、哨官神主在焉。后厅各勇神主在焉。西一所为慈悲禅林僧徒所居，其后为观音阁，中一层为锺馗楼，楼之西为坡仙楼，刻东坡记于壁。东一所为浣香别墅，中一层为听涛眺雨之轩，后一层为芍芸斋。斋之后身为且闲亭，亭后有小池，有假山、石洞，穿洞而出，登山为锁江亭。余去岁及今过此，皆住芍芸斋中。

是日，彭雪琴与余登石钟山。时北风吹雨，萧然有秋意，因题一联云："长笛不吹江月落，高楼遥吸好风来。"因棹小舟至钟山下，寻石洞入，可数十丈，仍由东大石下出，大石即东坡所称可坐百人者也。余曰：石钟山者，山中空，形如钟。东坡叹李渤之陋，不知坡亦陋也。上钟山之下，亦有深岩。

建德府城内，本寓后有高楼，可以眺望。因额以"北楼风韵"四字，以房主人姓谢也。

262. 谒九江周子①墓

周子墓距九江府城十五里，在石塘铺之东南五里。辰正起

---

① 周子：即周敦颐，宋理学的奠基人之一，为程、朱所崇奉。生作有《爱莲说》，死亦葬于莲花峰。

行，已正到。其地发脉于庐山之莲花峰，东行至江滨，绕折逶迤皆平冈，绕至西头，入脉结穴，系钤穴。两穴本沙，环抱甚紧，坐北向南。近案为一金星，远朝即莲花峰，所谓回龙顾祖也。溪水从右流出，微嫌右手外沙太少耳。墓为咸丰五年罗罗山所修。坟顶结为龟形，约六尺，径一丈四五尺。

263. 岳母墓与岳王李夫人墓

岳武穆王母姚太夫人之墓在九江南四十馀里。坐船行四十里，至沙河镇上岸，又陆行八里许。墓上地名株岭，山水粗顽，非佳城也。

再入山谒岳武穆之配李夫人墓。墓去河镇十一二里许。去株岭姚太夫人墓之西，名曰太阳山，坐北向南，坟下三丈许有陈岩叟坟。岳夫人墓不知其初所据。明弘治九年，童某修县志，以为葬在此。厥后嘉靖六年，何某修志，以为不葬在此，系与姚太夫人合葬株岭也。嘉靖十年，陈氏坟遂葬于下方。至崇祯二年岳、陈二家构讼，逮至本朝康熙、雍正，讼百馀年，久不决。至乾隆五年，九江府知府施君廷翰判断，定为岳夫人实葬在此。陈氏坟因其太久，亦不复迁。二姓皆永禁葬坟。遂为定案，详巡道李君根云批，亦以童志为断。今详文并批，皆刻于东一碑石，西一碑系乾隆十年县禁令勿牧者。墓有古树，皆乾隆中所禁，近年亦枯朽矣。

大抵吉地乃造物所最闷惜，不容以丝毫诈力与于其间。世之因地脉而获福荫者，其先必系贫贱之家，无心得之，至富贵成名之后，有心谋地，则难于获福矣。吾亲友中，如长塘葛氏，既富后而谋地；金兰常氏既贵后而谋地；邵阳魏默深，既成名后而谋地，将两代改葬扬州，皆未见有福荫。盖皆不免以诈力与于其间，造物忌巧，有心谋之，则不应也。

264.扎营黄梅孚玉山

日内，扎营在黄梅城外约四里许。用罗盘审定县城在午位，庐山亦在午位，去营约百四十里。排子山在坤位。四祖山，双峰尖在庚位，最为峭耸，去营约四十里。多云山在酉位，去营十馀里。小溪山在辛位。龙平山在乾戌位，最为高峻，去营约五十里。祖山在亥位，去营二十六七里。东山在壬位。绰璧镇在子癸位。独山镇在寅位。马尾山在卯、乙、辰、巽、巳位。东北一带，自绰璧至马尾山，山皆平衍。西北一带，自四祖山至东山，山皆高峻。惟南面无山，百馀里外过大江，乃有庐山耳。

至钱家山、龙泥潭等处踩看地势。在钱家山用罗盘视之，龙泥潭在子位，黄梅县城之来脉也。县城在午位，河水自西面蕲州界来，经钱家山及县城之西，自丙位流出，下入龙湖。一塔在丙位，所以镇水口也。又一塔在巽位，所以培文峰也。孚玉山在午丙位，即现驻营之处。槎山在辰位，即湘后三营之外山。河西诸低山，在庚辛酉位。石家坟山在未位，蕲州、黄梅诸大山之后。

以上己未

265.江西永丰沙溪

至沙溪扎营。是日，所行之处皆两山之中夹一溪，民居极少，竹木极多。

266. 桃树岭险似栈道

桃树岭上下约共五里，颇陡峻。高不如桐梁山，而窄斗过之，略似栈道也。

267. 建德祁门粪桶高五尺，人以梯登厕

由建德至祁门，日行万山之中，泉洌竹茂，与吾乡风景相似。特大溲粪桶，高至五尺，人皆以梯登厕。上盖瓦，屋街市道旁处处有之，鳞次栉比，殊可骇异。

箬坑四面皆山，中央有河，泉甘林茂，实山谷之佳境也。

历口者，历山之口也。祁门万峰丛叠，惟历山最为一县之主峰。

以上庚申

268. 游皖南齐云山

自伏宁回祁门，行三十里，至岸脚，因便游齐云山。肩舆行六里许，至洞天福地，中有石岸，相传张邋遢修练之所。张邋遢年百八十岁，羽化登仙。步行里许，至一天门、罗汉洞、二天门、三天门及正殿等处。又步行二里许，至紫霄岸。齐云山即白岳也，结构甚小，而罗汉洞实为奇特，正殿有五峰，前有香炉峰，亦秀拔天成，名山固不虚传矣。

辛酉

269.乘船日行二百里勘镇江、扬州，夜泊燕子矶

登焦山①绝顶一览，各寺皆在山之南，同游者为彭雪琴侍郎玉麟、李小湖大理联琇、黄昌歧军门翼升、邓守之布衣传密，方元徵大令骏谟、陈小浦广文方坦②，皆随余自金陵来者也；李雨亭都转宗羲，莫子偲大令友芝、张芑堂观察富年皆自扬州来者也。在山顶、山北两寺小憩，良久归寺，观雪琴、守之作书数幅。

由焦山开船至北固山，登山四望，雄壮，伫立良久。旋入镇江城，在知府周辑瑞署后登城一望。与北固山相距两箭许，守府城不可不兼守北固，城周约十七八里。旋出城八里登金山，已在南岸，不复在江心矣。眺望良久。旋渡江至北岸八濠口，拟于此处开一新河，俾盐船由瓜洲之小口子转入新河，庶小船免行江路，而大船湾泊镇江对岸，亦无风涛之险也。

与雨亭等步行查勘。中饭后，坐轿由八濠口至瓜洲大江，沿途细看。旋开船，将赴扬州。

自扬州开船出江，与方元徵围棋三局。至三汊河观行宫旧址，圣祖仁皇帝于康熙四十三年南巡过此，御制碑文，赐寺名曰高旻寺，其右有高宗五言律诗碑一道。此外一片瓦砾，荡然无所有也。午正至瓜洲口。中饭后，出江登铁平轮船，将长龙船拖带于后。逆风逆水，又值退潮之际，轮舟亦不能速行。至二更始到草鞋夹外，又换小舟入夹，行十里许至燕子矶湾泊。是日共行百九十里。在轮舟看邓守之册页四本。

① 焦山：江苏省镇江市。
② 以上诸人组合称谓，前为姓名（姓），中间为职守、官名，后为字号。以下亦同。

270. 洪泽湖大观

由天妃闸过五坝，在头坝之上入高良涧小河。至吴城七堡，昔道光二十七年黄河穿入洪泽湖之浃口。看旧黄河影，今将成平畴矣。

至十里湾，登岸一看。岸即洪泽湖东岸之大堤，南至蒋家堤，北至束清堤，凡石堤长一百三十里。本日所登者，盖南距蒋堤七十里，北距束清堤五十五里也。

洪泽湖昔年自束清堤起即为大湖，至双沟止乃为湖尾，凡渡湖三百二十里。近则自束清堤以上皆淤成平陆，直至高良涧乃为大湖。自高良涧至老子山六十里，湖水一望无际；自老子山以西则湖面渐窄，自盱眙至双沟尤窄，犹彭蠡湖自南康以至湖口也。特彼之窄处在下流，此之窄处在上流。湖干双沟上三十馀里为浮山口，即梁武帝筑堰处也。

271. 泗州僧伽寺

泗州僧伽寺塔，唐时最为宏盛。李太白及韩、苏皆有诗，韩即送《僧澄观》七古一章，皆在旧泗州。今之泗州则虹县治所改，非僧伽之寺矣。而颇有树木，亦为江淮间所仅见。

272. 凤阳明皇陵

明皇陵周围约一百里，中有旷野，其平如水，坐南向北，北面之东为凤阳府城，其西为凤阳县城。罗围之内南北约三十里，东西约四十里，大致则浑圆，非椭圆也。围内之水由东北隅一圆山下出，山形如纬帽，高十馀丈，坟高约二丈许。登坟一望，四面之山十馀丈、廿馀丈者，皆若俯出其下，天光极为圆聚，信异地也。

以上乙丑

273. 曲阜谒诸圣贤庙、墓、林

宣村之东六里曰凫村，孟子之母宣献端范夫人之墓在焉。因往展谒孟子之父郰国公同冢，墓在凫山之背，俗名马鞍山，即"龟蒙凫绎"之凫也。策马登凫山顶一望，回至宣村。又行二十里至曲阜县。未刻谒至圣庙，衍圣公孔祥珂陪同行礼。旋至殿上及后殿敬谨瞻仰，即圣配开官夫人之寝殿也。又至东边谒孔氏先世五王，名崇圣祠。阅历代支派图碑二座。阅孔壁，相传即鲁恭王闻金丝之壁，今仅一寻常照壁耳。壁之西为孔子古井，其南为诗礼堂，在此小坐饮茶。茶罢，至大成门内阅孔子手植之桧。环以石栏，高仅尺许，有似立石，色凝红，有似肉芝。桧栏之北为杏坛，有似楼观。旋出大成门外，阅御碑亭十三座，其九为国朝碑，其四为唐、宋、金、元碑。旋至西边谒启圣祠，又至后殿瞻圣母颜夫人寝殿。又阅金丝堂，观各乐器。皆衍圣公陪同周历各处。旋出庙至衍圣公府。

至颜子复圣庙瞻拜，行两跪六叩礼。又至后殿，为复圣夫人寝殿。至西边阅杞国公颜路祠，其后殿为端献夫人祠。出外为乐亭，亭前稍西有井，相传即陋巷井。其南有一古桧，传为唐树。两庑配享为颜歆、颜之推、真卿、杲卿等八人。

出城北门，谒至圣林。约三里许，有万古长春坊。稍北，有红墙夹甬道，道皆有古柏，仪树匀排。又北有楼观，即林墙门也。过下马牌后，有洙水桥。桥北入大门，至享殿行礼。殿后甬道之右为子贡手植之树，稍北为乾隆驻跸亭，康熙驻跸亭。又北为宋真宗驻跸亭。又北即圣人墓。墓之东为伯鱼墓，其南为子思墓，其西南为子贡墓。旋至周公庙行三跪九叩礼，庙之规模甚小。周公墓在陕西，相传此为鲁太庙遗址，两庑配享鲁三十三公也。旋行十里许谒少昊陵，曲阜颇以此墓为可疑，然坟冢叠石为之，广八丈九尺，高二丈，规模奇古，云是宋时所为，则其来已旧矣。又行二十里许，谒启圣王林，行六叩礼。圣兄孟皮墓在其南，享殿坍塌，不蔽风雨矣。午初三刻回城，往返约六十里。作一联写赠衍圣公云："学绍二南，群伦宗主；道传一贯，累世通家。"未正至衍圣公府赴宴。茶罢，阅乾隆三十六年所颁周朝铜器十事：曰木鼎，曰亚尊，曰牺尊，曰伯彝，曰册卣，曰蟠夔①敦，曰宝簠②，曰夔凤豆，曰饕餮甗③，曰四足鬲。古泽烂然，信法物也。又观吴道子所画至圣像，无题识，绢本，有小印二方，一曰"会稽太守章"，一曰"绍兴"。又观赵子昂所画至圣像，绫本，无题无印。又有一册，画明君臣像，如太祖、成祖、世宗、宪宗等君，徐达、常遇春、邓愈、汤和、刘基、宋濂、方孝孺、杨士奇、于谦、王鏊、王守仁、湛若水、李东阳、谢迁等臣，俱有画像，而无题识。又有大轴元世祖、明太祖像二幅。又出示元明两朝衍圣公及孔氏达官所留遗之冠带衣履，采色如新，亦生平所未见也。

【注释品札】

孔孟道德文章经天纬地千古不没，而子孙多为衣钵守墓者，自身也难行于当世。曾李虽师承孔孟，实奉经世致用之学

---

① 夔（kuí）：传说中似龙的一种动物，多见于祭器图案。
② 簠（fǔ）：祭祀时盛谷物的器皿。
③ 甗（yǎn）：可蒸可煮的双层炊具。

理，不唯己身见赫于当世，子孙亦世有其昌。生于斯世，道德文章不可无，经世致用之学尤不可弃。"有用"二字虽其浅无比，却自有深不可测之处。沧浪之水不为窄，但清浊全在自取。人生亦本是求仁得仁，各得其所之事，不得勉强。虽穷者无须叹之，富者无须羡之，卑者无须贱之，贵者无须奂之，但人性的本质却是向前向上的。

274. 济宁州谒曾子庐、铁塔寺、戴庙

济宁州铁塔寺有僧王①长生禄位，因与毛寄云拈香拜谒。

阅视济宁州城外土圩，从玉露庵登圩，城东北隅也。转西正北常清门，正西青云桥，至西南隅运河、府河相抄之处小坐。又由正南之兴隆门、东南隅之韦驮棚、正东之杨家坝，归玉露庵。午正回寓，凡三十四里。济宁州三面皆水，运河自西北而来，绕至城南，从东南而去，下入南阳湖、凝山湖，以达于江南。府河自东北而来，绕城北、城西二面，下入马场湖，汇运河而去。府河即泗水，由兖州城而来，故曰府也。济宁之土圩，南则穿入运河及月河之外，北则穿入府河之外，故辽阔湾曲，难设守。

太白酒楼，在济宁南门城楼之旁。纯皇帝曾经巡幸两次，有御制诗二碑，一乾隆二十年，一系三十九年甲辰也。饭后至曾子读书庐，匾书"宗圣遗址"四字，庐已颓败，中塑曾子、子思、孟子三像。

谒分水龙王庙，行六叩礼。庙对汶水，有大雄殿，有宋尚书礼祠，配享者为白老人潘同知。此间运河两边，岸高如山，

---

① 僧王：僧格林沁，剿捻战死山东。

约十丈有奇。当日开河之土，覆于两岸也。登庙后高坡一望，乃知南旺湖现在涸成平陆，车马可行。向来特有一湖，此段全不设守，今乃知其疏矣。

沈家口一带河窄水浅，舟屡搁浅。大雨如注，各勇下水拖舟，风大作寒，行路甚苦。午正始抵戴庙，风雨不止，遂不复行。

275. 登泰山记

至泰安府，酉正至岱庙。头门凡五门：正中曰正阳门，左右曰掖门，又左曰仰高门，又右曰见大门。余入仰高门，院中左有《宣和碑》，右有《祥符碑》。二门曰仁安门，院中左右皆有乾隆御碑亭，馀碑甚多。正殿曰峻极殿，祀东岳大帝。后殿曰寝宫，祀大帝与碧霞元君。正殿丹墀之下，东有古柏如龙爪，有藤萝绕之；西有新柏如凤翼，有倒挂嫩枝，葱翠异常；又有一柏正当甬道，名曰独立大夫；稍南有一太湖石，甚奇，名曰扶桑石；其西院有环咏亭，自宋、元以来题咏各碑环嵌壁间，李斯刻碑亦自山顶移嵌于此。其内为东岳帝之便殿，陈列朝所颁法物珍器于此。中有乾隆间颁镇圭，长三尺许，厚二寸许，上青、中白、下绀色，首为凉玉，邸为温玉。环咏亭之南有唐槐，苍古无匹。旋赴东院，有炳灵宫，宫前有汉柏六株，尤为奇古。又登仰高门、正阳门之楼一望岳色。暝时还寓，料理明日登岱各事。

四月十六日，与幕客六人登岱。出泰安北门三里许，过岱宗坊，旋至玉皇阁小坐。有孙真人化身。据道士云：孙某在此修炼，年九十四岁，康熙四十年化去。今手足皮骨尚在，如干腊然，惟头系土塑耳。又至关帝庙小坐，有盐当会馆。旋过飞云阁，有孔子登临处坊。旋过万仙楼下，未登楼。旋至佩姆阁小坐，水声清激可听。旋过水帘洞，在大路之西，图中误刻于东。旋阅石经峪。峪在大路过溪之东，约步行小半里。其上为摩天岭，岭上泉流涧中，巨石铺于涧底，纵横五亩许。刻《金刚经》其上，字大径尺四寸许，中署三大字，曰暴经石。又有明汪玉者著论谈文，其子汪坦刻之石上，侧署二大字曰经正。旁一巨石曰试剑石。旋还大路，遇一小桥，土人名曰东西桥。自此桥以下，路在溪之西，自此桥以上，路在溪之东矣。夹道翠柏成列，土人名曰柏洞。旋至壶天阁小坐。自城至此凡十八里。又过回马岭，至二虎庙。登岱程途，至此得半矣。路稍平夷，微有陟降，名曰快活三。过此为云母桥，有瀑布名曰御帐坪。小坐，盖途中最胜之处也。遥望东边石壁，摩崖一碑，曰万丈碑。过朝阳洞，有元君殿，今颓毁矣。旋至五松树，小坐，有石坊曰五大夫松。秦时松久不可见，今亦有虬松数株。又过此为对松山，溪之两岸，古松森列，与东西桥之柏洞皆岱岳茂林也。自此以上为慢十八盘，过升仙坊为紧十八盘，岱岳中最为险峻之处。至南天门小坐。旋折而东，行里许，为碧霞元君庙，又东北一百步许为东岳大帝庙。余即在此停住。卯初自城起程，午初一刻到此，不觉登陟之艰，盖号为四十里，实不过三十二三里。小憩片时，旋至两庙各行三跪九叩礼。因捻匪未平，默为祈祷。中饭后，小睡片时。旋与幕友步行登览各处。先至岱顶，即所谓天柱峰也。中有玉皇殿，殿外有巨石陂陀，相传为山之巅顶。门外有无字碑，广二尺许，厚一尺五六寸，高一丈二三尺，《志》称为汉时立石。顶之西南为青帝宫，又西为寝宫，内有元君卧像，门锁，未得启视。其南为北斗台，台上两石幢，高二尺许。寝宫之西为孔子殿。以上宫殿四处及北斗台皆已颓败。旋至岱顶之东，有乾坤亭，因纯皇帝书"乾坤普照”匾而名之也。又东为日观峰亭，亦有纯皇帝诗碑，其后一碑题“孔子小天下处”。此亭本可观日出，今已颓毁，上无片瓦，不如玉皇殿东轩看日出之便。又东南为舍身岩，改名爱身岩。岩之侧为仙人桥，两石壁之间，三石相衔，下临深谷，有如飞桥。又东为东神霄山，即日观峰迤东之耸起者，实一山耳。遥对西神霄山，即南天门迤西之耸起者。傍夕归，观东岳殿后唐明皇摩岩《纪泰山铭》。其旁小泉曰圣女池。凡泰顶之可观者，略尽于此。此外如丈人峰，不过三石，略具人形。东天门、西天门、北天门，不过各立二石而已。大抵泰山自北而南，分两大支、一小支：西大支由西神霄峰而南，至卧马峰、傲来峰一带；东大支由东神霄峰而南，至乾坤山、老人寨、二虎山、摩天岭一带；中一小支自东支之二虎山分出，南至马蹄峪、水帘洞、白杨洞一带。东大支及中小支皆不甚长，惟西支自傲来峰以西绵亘三四十里，重峦巨嶂，惜不及遍游也。水亦分两支：西支发源于南天门，目下干涸，至对松山始见流水，下经傲来峰出郡城之西门外，名曰黄西河，又名妫河；东支发源于二虎山，自二虎山以南大路皆在此溪之沿，名曰中溪，又曰环水。余粗识脉络如此，馀不及详。

因昨夕阴云凝雨，计五鼓断不能观览日出，遂高卧不起，而幕友黎纯斋及薛叔芸、王鼎丞、叶亭甥等四人登玉皇殿东轩。五更，严风凝雨过后，竟得一睹日出之胜。乃知天下事未阅历者不可以臆测，稍艰难者不可以中阻也。卯初二刻，起行下山，中过水帘洞、万仙楼，均小停登眺。至山麓王母池小坐，辰正一刻即入郡城。下山行走极速，盖登岱者别有一种山轿，长六尺许，两溙弧而向上，如一弓小桥然。舁夫以皮韦承肩，上下石磴，轿皆横行，舁夫面皆向前。以直行，则皮韦正圆在项后，横行，则皮韦斜曳在肩侧也。

此次登岱所心赏者，在庙则为镇圭，为李斯碑，为汉柏、唐槐，为龙爪柏，为扶桑石；在山则为玉皇顶、无字碑，为《纪泰铭》，为南天门，为御幛坪。外此虽有胜迹，非所钦已。

【注释品札】

天下事小成小难、大成大难。什么都不成，活着就更难。人的坚守之心、克服之力的等级，决定着人的社会生存等级。而得与失、成与败常常取决于一念之间、一步之差。正所谓"跻攀分寸不可上，失势一落千丈强"。人生处处如攀巉岩，也许再上分寸，便是别有天地。

276. 谒嘉祥县南武山曾子林庙

由济宁起程至嘉祥县，将谒曾子林庙。大雨之后，积潦盈途，行三十里至新开河茶尖。沿途见运河堤墙概行坍卸，忧虑之至，因思一律改为板筑，与程刺史绳武商议良久。又行十八里至嘉祥县，未正始到，住嘉祥书院。至宗圣庙叩谒，行三跪九叩礼。庙中规模扁小，朽败已甚。左，子思配享；右，孟子配享；后为启圣庙，名养志楼，尤朽败不能庇风雨。旋至宗子五经博士广莆家一坐。其头二门及大堂等一概颓毁无存，内室亦甚浅陋，即雍正间所赐"省身念祖"匾亦无悬挂之处，仅庋置于栋上。余前闻嘉祥圣裔式微，久思有以任恤之，本日捐祭产银千两，又赠广莆银四十两。及见此景况，则又愀焉不安，愵①焉不忍，而非人力所能遽振也。

由嘉祥至南武山，本不过四十馀里，因路上处处隔水，

---

① 愵（nì）：忧思。

绕道行五十馀里始至南武山。未刻到巳正，在纸坊集打尖①，即住宗圣庙之东省身堂。庙在南武山下，山高约五十丈，一片顽石，不生草木，庙外内柏数百株，大约二尺围上下，殆嘉庆间所植。附近居民种五谷者少，皆蓝及菸。曾氏阖族人丁不过三百，贫苦特甚。文生曾毓鉴等来，备述窘状。未正谒庙。先拜莱芜侯庙，在正殿之西，后有寝。旋拜宗圣庙，庙修不知始于何时，初系宗圣在前殿，莱芜侯在后寝。明正统间重修，始改为宗圣在中，莱芜在西。至万历间重修，有太仆少卿刘不息碑记，载曾质粹之孙名承业者，承袭时兴讼事，碑立于万历七年，在庙庭之东南。至国朝雍正七年，请帑重修，规模始大。后有寝殿，前有御碑亭，刻纯皇帝《宗圣赞》。两庑祀弟子阳肤、乐正、子春东西各五人。中有宗圣门，前有石坊三座。酉刻谒林墓，在庙西南里许。北、东、西三面皆石山，墓在平地。今雨后，墓道被淹，石马、翁仲皆在水中，仅坟未淹耳。亭堂及门颓败异常，几于片瓦无存。有碑曰《郕国公宗圣曾子之墓》，缘宗圣公墓久已佚亡，不知所在。明成化初，山东守臣奏：嘉祥县南武山有渔者陷入一穴中，得悬棺，有石镌"曾参之墓"。弘治十八年，山东巡抚金洪奏请建享堂、石坊，即今林也。余观山石顽犷，地势散漫，不似葬圣贤者，殊以为疑。至韦驮棚看新筑之墙：高六尺，基厚一尺六寸，顶厚一尺二寸，长五丈。余以河沿堤墙全塌，故欲改为板筑，令程刺史先筑数丈为式。观者以为筑成后半月不雨，可保三年也。

---

① 打尖：中途小憩小餐饮。

277. 临淮小泊风暴雷雨舟覆人溺

仲兴之南岸数里，即桃源县，又十馀里，即成子河。余本拟至成子河看视捻匪窜清江之要隘，因隔水三道，陆路不能去，水路又不通舢板，遂不果去，殊以为歉。旋又开船行七十馀里，至双兴闸泊宿，距杨庄仅十二里耳。闻清水潭二闸决堤，高邮、兴化、东台、盐城俱被水淹，田庐漂没，所忧者又不仅在贼矣。

七月十五日，自五河开船，距临淮仅十里小泊。忽于酉正二刻大风暴至，雷雨交作，冰雹掠面，附近舢板翻沉二支，余船亦倾倒，危急之至。幸近岸侧，各舟人下水拖船上岸。大风将头篷、二篷绳索扯断，有如刀截，飚去江中，而船乃定。戌初二刻，风稍息，乃庆更生，闻谭鳌舟覆溺死矣。舢板覆溺八只，死者四人。各船在下三五里外者，风略小，幸得保全。余生平经江湖风波之险，道光十八年九月二十五日在安陆河中与郭筠仙、凌荻洲同舟，狂风竟夜；咸丰四年三月初七日，带水师在岳州南津港，大风猛起，湖中各船多覆，港中之水被风卷去，各船皆搁于干地，凡二日，风息水回，而船始活。不谓老年又受此惊吓也！夜遣人四处问坏船消息。

至雉河集，登岸一看新涡阳县城基，即彭恬舫定澜所相视之处也，隍已浚而城未修。又至雉河街上西头新筑土圩，知县即住其中。

以上丙寅

278. 视察运河新堤新河

去年六月二十九日清水潭决口，距马棚湾十里。程观察国熙承修此工，于十月二十二日兴工，十二月初九日合龙，凡修运河西堤四百馀丈，实做扫工二百九十丈，余坐轿至该处验工。由西堤行走东堤，工程仅及三分之一。尚有深塘扫工未做，余始得见挂缆进占之法。

至新河，看瓜栈及河堤、东坞、西坞。余三年二月至此议挖新河、设立瓜栈为过掣之地，其时尚是荒江寂寞之滨，今则廛①市楼阁，千樯林立矣。

279. 南京城乘舟八里吟诗赏荷花

巳刻与幕友至元武湖看荷花。出太平门，同坐小船，每船约受三人，长约八九尺，窄行于荷花之中。自太平门外行三里许，登麟洲一望，旋复下船。麟洲之西北为趾洲，为老洲，其西南为长洲，为新洲。洲上向有百馀家乱后复还，不及一半矣。行五里至神策门，登岸进城。凡行荷中八里许，天气阴而微雨，既不湿衣，亦无烈日，宾主乐之。自神策门行至妙相庵，约十里许。午末置酒，申初散。

与吴竹如、朱久香同看荷花，至长洲、新洲登岸，在民家小坐。二洲中又有小湖，上有小山。旋回船。午正，骄阳正炽，燥热殊甚，即在城楼中饭。久香学使即席作七律一首。

---

① 廛（chán）：古代指一户平民所住的房屋。

280.中秋夜置酒约幕友赏月

中秋，约幕府诸友，在楼上置酒。月出已高，为云所掩，势将雨而未成，凉风颇动，稍息炎蒸之气。

281.清理忠王府栽竹种菜

至后园一览。自昨日起，调湘勇队将后园瓦砾挑成二山。园系贼中伪忠王李秀成之府，围墙极大，周围约三里许，虽盖知府、二府、三府衙门于中，而空地尚有三分之二。故欲挑起瓦砾，以栽竹而种菜也。

282.清凉山观城欲割缩金陵

至清凉山看新修之翠凝亭。览观形势，金陵城实太大，西北闲地荒田太多。若将城缩小，由鸡鸣山起，至鼓楼，迤南至小仓山，顺蛇山之脊以至汉西门，当不满十里；而神策、金川、仪凤、定淮、清凉五门均割截于城外，局势当稍紧耳。

以上丁卯

283.黄浦墩登览山水

泊黄浦墩，登岸一观。小金山四面临水，中一圆亭，约径六丈，围十七八丈许。楼上地下，周围窗格，纯庙题诗甚多。旋至惠山观昭忠祠及第二泉。

284. 登天平山谒范坟

将往游太湖，约丁雨生中丞、李质堂军门及官绅等十馀人同游。定以初七日游木渎、范坟等处，初八、九日游东西洞庭，阅视应设水师之所。开船行，二十五日至木渎，至许缘仲所寓葛园，一览水石之胜。旋肩舆至灵岩山，登绝顶极览。归，至端园中饭。饭后，肩舆至天平山，步行登山。有下白云、一线天、中白云、上白云四名，实则从山脚至山顶，尚不及二里。余陟其巅，同行丁中丞等五人，俱中道而止。下山后，往谒范坟。西为高义园，因范文正公之义田而立，纯皇帝题匾及诗碑在焉。东为范坟，文正公之高祖、唐丽水县丞名某之墓在焉。墓在天平山之左胁，山质皆石无土，群石矗立，土人名曰万笏朝天。结穴之处，有土方数十丈，其后石山壁立，亦不似吾乡。堪舆家所称老山抽嫩枝及落脉峰顶云云者，不知何以贵盛久远如此。旋肩舆行三里许，至无隐庵。盖天平山为最高之主峰，南向，其东贴近左胁为范氏先墓。又东曰牛头山，中有御路，为纯皇帝幸范坟所由之道。又东迤逦而南，凡五峰，中一峰稍高者朱家山，即支硎山也。天平山之西，迤逦而南，凡四峰，其第三峰曰马鞍山，与东边之朱家山相对，即无隐庵之后山也。其第四峰较高，即灵岩山也。东西两嶂，俨立相对。中间大壑相距二里许。酉正三刻回木渎登舟，往返约三十二三里。舟行将赴胥口，乃彼处市镇。中间桥密而岸窄，余舟太大，节节逼隘。至一桥下，两岸夹立石壁，良久不得过夹。余乃登岸，至许缘仲家宿，而令各船次第倒行，退去三里之下。丁中丞及司道等来会，游兴为之顿减。因改议明日不复游洞庭东、西山，但至胥口一览而已。

285. 勘游太湖

与丁雨生、李质堂同赴胥口，查阅太湖形胜，同登香山之觜。在胥口之西，其后为小团山、大团山，最高者曰穹隆山。胥口之东曰清明山，亦曰胥山。其山脚拖入湖中者曰菱湖觜。其迤而东北者曰尧峰山。尧峰之尾曰七子山。其与胥口相对横亘于此者横山。其内曰横塘，此皆滨临太湖之山也。其湖中之山，东洞庭距胥口约二十馀里，西洞庭距胥口约三十馀里。长沙山约距十里许，此目中所见者。其极北之马迹山，极西之大雷、小雷，皆不见也。太湖若立水师，宜分三营：以一营驻东洞庭，辖苏州吴、长、江、震四县湖面，而西洞庭亦驻船数号，与浙会办。以一营驻马迹山，辖常州阳湖、无锡、宜兴、荆溪四县湖面。以一营驻大雷山，辖湖州长兴、乌程两县湖面。阅毕，回至木渎。中饭后开船，自木渎苏州。

286. 回拜法国领事

至洋泾浜回拜法国领事白来尼，倾诚款接。虽其母其妻子之卧室，亦预为腾出，引余与丁、李两君阅看。所居楼阁四层，一一登览。玉宇琼楼，镂金错彩，我中国帝王之居殆不及也。

以上戊辰四月

287. 自南京赴河北观蒙阴、新泰山川

自前日在青它寺打尖后，即见大道之西有一大山，盖蒙山也。前日、昨日皆见此山并大路而北，本日自龚家城行

十五里至蒙阴县，大道转向西行，似即蒙山北头尽处矣。至螯阳大道之西，有一石山，土人称曰青云山，即螯山也。

出新泰城北，望见一山，土人曰莲花山，一曰新甫山。过羊流店后，望见西北大山，即徂徕山。将至罗家庄，则徂徕山将尽，泰山在目前矣。

至章夏打尖。大道循河而行，询之土人，此河名葛乙河。其源自汶水分出而杂以泰山各溪壑之泉，下游入大清河也。

288. 考略直隶水系源流

将直隶地图细阅，略考水道，约直隶大河不由东西淀而入海者凡三：曰南运河，其源为山西之清漳水、浊漳水，河南之卫河，山东分汶北流之运河，径流至天津入海；曰际河，其源出蒙古，过承德府，至永平府之际州入海；曰北运河，其源出于古北口、独石口外，至密云合流，又汇以昌平州之水，玉泉山之水，南海子之水，至天津入海。由东西淀而入海者凡四：曰滹沱河，其北源出山西之代州，南源出平定州，到衡水县分为两支，均经东淀而入海；曰猪龙河，其源为无极灵寿之滋河，阜平新乐之沙河，浑源灵丘之滱河，至祁州合而为一，经西淀、东淀而入海；曰白沟河，其源出于房山涞水，又汇易州之易水，乃经西淀、东淀而入海；曰桑乾河，其北源泉出于蒙古，经过宣化，其南源出于朔平大同，至保安州合而为一，至怀来县入关，经东淀而入海。本年桑乾河决于芦沟桥以下，至今未塞，故雄县积水未消也。[①]

以上戊辰十一月

---

① 1868 年 12 月，曾国藩调任直隶总督由江宁赴河北途中所记。

289. 己巳年视察直隶汛防

将看永定河工。行十一里，至玉皇庙茶尖。旋行三里许，至灰坝看减河。减河原所以减泄正河之盛涨，近因正河之身高于减河之堤，遂至减河反夺正河之全溜，而正河干枯，积沙日高，减河下游亦凝塞矣。旋看南上汛第九号，该处为前裘文达公拟开减河之处，距灰坝仅八九里。如灰坝、减河修复，则此间不必再开矣。旋至南上汛十五号闫仙岱看决。该处于戊辰七月溃决至百五十馀丈之宽，已于去年冬修筑，现存口门七十馀丈，须于二月兴工，三月底合龙，乃为得时。旋回于南上汛署打尖。尖后行二十馀里，至龙王庙南下汛署内住宿。中间过小清河一道，深仅尺许。又于下游过河，即永定河决口以下之流也。

至南下工十号，看去秋新堵闭之决口，盖去年七月初七日在该处决口。是日又在上游闫仙岱决口，此口无水，旋即修堵。余嫌其单薄，须加培也。辰正，至南二工十四号打尖。中饭后看金门闸，系乾隆三年建，亦滚水坝也。旋至南三工十三号看已废之草坝。此处本不应有工，惟十一号两边坑塘甚深，余虽未下车，心忧其险。旋过乾河，至北岸三工看已经堵闭之旱口。此处紧靠北堤，有一深沟，正河分溜窜入，沟不能容，以致溃决，颇难施工。旋至第十二、十三号。此处河如"之"字，初向北，则十三号当其冲，折而向南，则南四汛当其冲，故两岸皆险也。午刻在金门闸龙王庙拈香行礼。申正在十五号龙王庙拈香行礼。旋过乾河，至南四汛署住宿，此处至固安县八里。

至龙王庙、将军庙先后拈香。看南四工四号险工，即昨所看之"之"字河也。旋至九号看堤。自九号至十二号，河身极窄，切逼南堤。河中隆起高土如埂如山，高过南堤，宽则数十倍过之。若非铲挖河中大埝，南堤三四里极可危也。旋至十七、八号打茶尖，看大坝。此处于上年三月决口，四月堵塞，将合龙而不成。八月，上流决口，此处河干，乃筑大坝，避坑塘之深，弃原堤不用而于河中另筑一堤，约五里许。开一引河，余嫌其浅窄也。自南四汛二十号起，至南五汛十三号，堤卑不过三四尺，宽不过三尺许，土牛高不过二尺许，真同儿戏。至十四号汛署打尖。饭后，至南五工十七号看险工。至南六工十二号双营住宿。

至南六工十七号，该处无工可查。但旗民贪占游河沃饶之地，纷纷至户部呈报升科，据为己业，亦一勘视。旋至南七工四号，此处为上年决口之处。内外坑塘甚深，河身中有一大洲隆起，其高过于南堤。土胶而坚，洲之南堤之北，仅十馀丈，不足以容河身，又曲折，迎溜顶冲，极可危也。再下二三里，看六、七号新开之引河。于河身坚土中生开一河，底宽仅四丈五尺，面宽仅十二丈，深仅一丈四尺，断不能容永定河之全溜。闻此下十六里并无河影，纯仗生开新河。十六里以下虽有河影，而节节高仰。计永定一河非处处开挖河身，别无良法。甚可忧也。

至新桥打尖。此桥本琉璃河水，今永定河宁南上汛十五号决口，窜入琉璃河内，时有水泛溢民地，如新桥附近则泛溢颇宽。适费观察送到所勘新城、雄县、文安等处河道图说，阅看良久，大抵直隶水患有二：北则永定河决口，窜入大沽河，而新城、安州、雄县受其害；南则滹沱河改道，不入子牙河而窜入淀水，而深州、饶阳、任丘、文安等处受其害。又闻麦稼已坏，无可挽救。水旱并灾，民困已极，焦灼之至。

途中见麦稼为旱所伤，高不过二三寸，节气已届收割而吐穗极少，间有用人力施水灌溉者，高或六七寸，色青而穗亦可观。嵇康所云："一溉者后亡。"信人力足以补天事之穷。然百分中不过二三分，馀则立见黄稿。纵三日之内大雨，亦无救矣。目击心伤，不忍细观。

至南七工四号验收引河工程。正月所看之坑塘已填，隆起之沙洲已裁去鸡嘴。又在洲旁挑一引河，使大溜不得直薄南堤。第一段引河一百四十五丈，口宽十二丈，底宽八丈九尺至四丈五尺不等，深一丈二三尺不等。凡行二十里许，至十五段工程，丈尺均与第二段相同。至龙王庙拈香行礼。又行一里许，看十五段之末一截，则口宽仅九丈，底宽仅四丈矣。至十六段，则口宽仅六丈，底宽仅三丈六尺矣。自此以下，余因病不能往，闻十九段口宽仅三丈，底宽仅二丈，不复成其为引河矣。旋回小惠家庄公馆，往返约五十里。

看南六工十三号、南五工十七号两处工程。至南五十四号汛署打尖。旋看南四十八号以下之引河。大约口宽八丈，底宽三丈二尺，深一丈五尺。如此者七里许。以下再开沟工七里，则更窄更浅。以上至引河头，则口宽底宽各加二丈许。旋看十八号大坝，颇为坚实。又看十二号工，切坎上如法，南岸做挑水坝二座，亦尚得力。又看九号工，靠河北坎裁去鸡嘴，开挖引河。申正二刻，至南四大公馆住宿。

至新桥打尖，即正月二十五日打尖之地也。饭后，迁行五里许，至民间捐办决河，亦于初七日合龙，约夫役二千八，费钱万串内外，不发官帑，余因赏钱四百串。

由曹各庄起行，至北下四合龙处所再一细看。旋过河，由南岸行走，顺引河而下，看中泓新挖之处，即折中所称张家坟一带中洪也。原河极为弯曲，今皆挖为直河，约二十里许。

至南七号看坑塘，即前此之废河，昨日所看新大坝之后身也。又行十馀里，至龙王庙拈香行礼。又行十馀里，至南七工十七号看新挖之河，亦截湾取直之工也。

顺永定河而下，行十馀里，与大清河相汇。崇地山侍郎厚[①]来舟次，与之久谈。至船头同看与北运河相汇，旋又与子牙河相汇，入天津之圩围。又与客入舱一坐。旋至望梅楼，与南运河相汇，两河同向北流，名曰海河。入海河四箭许登岸。

以上己巳

290. 辛未年视察河北防汛

至车逻坝，余甫起。早饭后，登东岸看车逻耳闸，刘受亭、程敬之两观察随同阅看，馀官伺应者颇多。阅毕，复登舟。行六里至新坝，即程敬之今年所修之工，长六十六丈，宽六丈，正月四日兴工，七月二十五日告竣者也。桩之排于海漫石以下者，不可得。其得见之桩三层，每层二排、三排不等，钉法尚坚，海漫石亦坚实，两头坝墙亦稳。又看南关耳闸。旋至监工棚内一坐，茶毕，又至工厂内一坐，即程敬之住厂也。

至马棚湾登岸看堤工，即同治七年所修者。当时，冒雨兴工，碛筑不固，今面上碎石已多坍卸，石下之土亦被水啮卸入湖中矣。急须修补，而估计需五万二千串之多，又难于筹款也。

291. 重任江督，南京一番太平景象

十一月二十二日，移居新衙门，即百馀年江督旧署，乱后，洪逆据为伪宫者也。本年重新修造，自三月兴工，至是粗竣，西边花园工尚未毕，虽未能别出丘壑，而已备极宏壮矣。早饭后移居至新署，仪门行礼，大堂行拜牌礼。旋至各处观览。

---

① 崇地山侍郎厚：即崇厚。地山为其字号，侍郎为其官职。

登福山，望内洋及对岸之狼山。山顶有碑卧地，因土人误传高峰为殿山，其下小阜为福山，特立碑以辨其失言。高者实福山也。

六月初八日，梅小岩、孙琴西请游后湖。辰正出署，至太平门城楼小坐。同游者为薛慰农山长、桂艿亭观察。旋出城登舟，行七里许，登岸至老洲湖神庙一看，小坐半时许。午初二刻返棹。清风徐来，一散炎融之气；荷香扑鼻，不以盛暑为苦。回至太平门，升舆进城，至妙相庵。未初二刻登席，酒半，大雨，席接荷池，雨盛荷喧，景物清快。席散，又在庙中游览。出庙陆行二里许，至通心桥登舟，行八九里许，至大中桥小泊。点灯，余船张灯八十三炷。同行之船，各张五六十灯及十馀灯不等。行至下游，遇商民灯船，约三四十号灯，最多者与余船同，喜复略见太平景象矣。

以上辛未